고전 명언 필사책

고전 명언 필사책

강경희 지음

들어가는 말

'나는 하루에 세 번 나 자신을 반성한다(吾日三省吾身오일삼성오신).'
《논어》〈학이편(學而篇)〉 제4장에 나오는 문장입니다. 이는 공자의 애제자 중 하나인 증자의 말로 전해지는데, 자기 성찰의 중요성을 강조하는 대표적 일침입니다. 증자는 '나'와 '인간관계' 그리고 '자신의 성장' 등 세 가지 측면에서 반성합니다.

'남을 위하여 일을 꾀하면서 충성을 다하지 않았는가(爲人謀而不忠乎위인모이불충호)?'

'친구와 사귀면서 진실하지 않았는가(與朋友交而不信乎여붕우교이불신호)?'

'스승에게서 배운 것을 익히지 않았는가(傳不習乎전불습호)?'

고전(古典)은 지식의 유희, 나아가 지성의 고양에만 머물지 않습니다. 인생 전반에 걸쳐 우리 삶을 관통하는 통찰과 성찰의 거울이 되어줍니다. 시공을 초월하는 생의 근원적 사유가 고전에 녹아 있습니다. 요컨대 고전은 단지 과거의 문헌이 아니라, 오늘을 살아가는 우리가 더 나은 나로서 더 나은 세상으로 나아가는 데 필요한 등불이 됩니다. 이것이 고전을 꼭 곁에 두어야 하는 이유입니다.

2000년 전 공자가 우리에게도 묻습니다.

'나는 지금 잘 살고 있는가?'

'나의 말과 행동은 내 마음과 같았는가?'

'오늘 나는 어떤 사람으로 기억될 것인가?'

이 원초적 질문들은 단순한 반성의 습관을 넘어서 '나를 다시 쓰는 일'에 대해 생각하게 만듭니다.

나는 고전 속 문장들을 대할 때마다 꼭 오래된 거울 앞에 선 듯한 기분이 들곤 합니다. 지금까지 달려온 내 삶을 비추고, 지금 여기 있는 나를 가만히 들여다보게 하는 거울 말입니다. 그래서 나는 읽는 것 못지않게 쓰는 일을 게을리하지 않습니다. 그저 눈으로 읽고 지나치지 않고, 손으로 한 자 한 자 따라 쓰며 문장의 호흡에 나를 맞춥니다.

이 책은 단순한 고전 모음집이 아닙니다. 어제의 나를 돌아보고, 지금 똑바로 가는지 오늘의 나와 자기 대화를 하고, 내일의 청사진과 더불어 좀 더 지혜롭게 살아갈 혜안을 열어주는 '필사형 고전 모음집'입니다. 읽는 고전을 넘어, 직접 쓰고 자기 생각을 담아 되새기고 나아가 실천으로 연결하는 '실용 인문서'가 되어줄 것입니다.

이 책은 총 6장으로 구성되어 있습니다.

1장은 '관계' 쓰기입니다. '나'와 '너', '우리'가 어떻게 서로를 존중하며 관계를 맺을 수 있을지 고전의 인간관계 비결을 되새기길 바랍니다.

　2장은 '배움과 성장' 쓰기입니다. 배우는 삶이 왜 중요한지, 어떻게 더 나은 나를 만들어가는지 고전의 자기계발 방법을 체화하길 바랍니다.

　3장은 '시련 극복' 쓰기입니다. 삶의 고난과 역경 속에서 마음을 다스리고 긍정의 삶으로 나아가는 고전의 인생론을 일상에 적용하길 바랍니다.

　4장은 '비움' 쓰기입니다. 내려놓는다는 것이 왜 더 채우는 일인지, 삶을 가볍게 만드는 고전의 통찰로 가뿐한 인생길을 열길 바랍니다.

　5장은 '사랑 실천' 쓰기입니다. 후회 없는 인생을 위해 지금 이 순간을 사랑으로 채워야 하는 고전의 사랑관을 삶에 담길 바랍니다.

　6장은 '희로애락' 쓰기입니다. 자연, 철학, 정치, 은둔, 우정, 고독 등 인간 존재의 핵심을 관통하는 한시로 운율을 타며 인생을 음미하길 바랍니다.

　필사는 느린 행위입니다. 그러나 그 느림은 곧 집중이고, 성찰이며, 회복입니다. 마음이 산만할수록 글씨는 흐려지고, 손이 조급할수록 의미는 손끝을 빠져나가갑니다. 하지만 천천히 써 내려가다 보면 문장 하나가 완성되고, 그 문장 안에서 어지러운 생각들이 정리되고, 조용한 깨달음이 피어나기 시작합니다.

고전 문장을 필사한다는 것은 시간의 무게를 이겨낸 지혜를 내 손끝에 옮기고, 나의 내면에 새기는 가장 깊은 독서입니다.

'글은 뜻을 다 담지 못하고, 말은 마음을 다 전하지 못한다(書不盡言서부진언 言不盡意언부진의).'

그래서 우리는 써야 합니다. 눈으로 쓰고, 마음으로 쓰고, 손으로 쓰며 한 번 주어진 인생을 충실히 살아내야 합니다. 나는 진심으로 바랍니다, 이 책과 함께하는 필사의 시간이 마음을 단단히 붙들어주고 인생을 밝혀줄 한 줄기 등불이 되길.

강경희

차례

| 들어가는 말 | … 004

01 인간관계의 비밀 알기

01 모든 사람을 손님 대하듯 섬겨라 … 016
02 나를 대하듯이 남을 대하라 … 018
03 형제관계가 좋은 집인지 보라 … 020
04 자신에게는 특히 엄정하라 … 022
05 입으로만 칭찬하지 말라 … 024
06 물이 맑으면 물고기가 없다 … 026
07 사람의 마음은 늘 변한다 … 028
08 친구는 나와 닮은 사람이다 … 030
09 나를 알면 다른 사람도 알게 된다 … 032
10 은혜를 잊지 않는 사람이 진정 성공한 사람이다 … 034
11 부드럽고 약한 것이 결국 이긴다 … 036

12 혼자서 울리는 종은 없다 ⋯ 038
13 남에게 너그럽고, 나에게 엄격하라 ⋯ 040
14 충고해주는 사람에게 감사하라 ⋯ 042
15 인생에서 경계해야 할 세 가지 ⋯ 044
16 하늘을 원망하거나 남 탓을 하지 마라 ⋯ 046
17 자기 자신이 재앙과 복을 불러온다 ⋯ 048
18 훌륭한 사람을 볼 줄 아는 눈을 키워라 ⋯ 050
19 자주 보아야 사람의 마음을 얻을 수 있다 ⋯ 052
20 모든 문제의 원인은 자기 자신에게 있다 ⋯ 054

02 배움의 지혜 터득하기

01 배움의 기쁨을 누려라 ⋯ 058
02 습관의 차이가 인생의 차이다 ⋯ 060
03 꾸준함을 이기는 것은 없다 ⋯ 062
04 잃어버린 마음을 찾는 것이 진정한 공부다 ⋯ 064
05 탁월한 재능만으로 배우는 사람을 이길 수 없다 ⋯ 066
06 하루 24시간은 동일하다 ⋯ 068
07 작은 일을 끝까지 하면 위대한 일이 된다 ⋯ 070
08 한 가지 그릇 모양만 되어서는 안 된다 ⋯ 072
09 위기를 피할 세 개의 굴을 가져라 ⋯ 074
10 고난은 하늘이 준 축복이다 ⋯ 076
11 좋은 옥은 하루아침에 만들지 못한다 ⋯ 078
12 최고의 고수는 말로 하지 않는다 ⋯ 080
13 남에게 보이기 위한 배움을 하지 마라 ⋯ 082
14 배우기를 부끄러워하지 말라 ⋯ 084
15 세상의 모든 이가 나의 스승이다 ⋯ 086
16 즐기는 자를 이길 수 없다 ⋯ 088

- 17 노력하는 사람이 천재를 이긴다 … 090
- 18 공부할 시간이 없는 것이 아니라 마음이 없는 것이다 … 094
- 19 사람이 먼저 되고 그 후에 배워라 … 096
- 20 배움을 대하는 네 가지 자세 … 098

03 긍정의 마음 유지하기

- 01 생활이 안정되어야 마음이 평온하다 … 102
- 02 홀로 있을 때도 신중하라 … 104
- 03 마음의 윤택함을 추구하라 … 106
- 04 낮은 자세로 겸손함을 드러내라 … 108
- 05 무에서 유를 창조하는 긍정의 힘 … 110
- 06 역경의 끝은 반드시 있다 … 112
- 07 임무를 맡길 때 주는 역경 네 가지 … 114
- 08 칭찬, 비난에 연연하지 말고 인생길을 가라 … 116
- 09 우물 파는 일을 중도에 포기하지 말라 … 118
- 10 가슴속에 뜨거운 열정을 품고 있는가? … 120
- 11 마음을 좋은 것으로 채워야 한다 … 122
- 12 마음이 없으면 보아도 보이지 않는다 … 124
- 13 위기에서도 즐거울 수 있는 비결 … 126
- 14 마음가짐이 절실하면 반드시 이뤄진다 … 128
- 15 흙먼지를 일으키며 다시 돌아오라 … 130
- 16 "내 탓이오"라고 말할 줄 알아야 한다 … 132
- 17 남의 불행을 차마 두고 보지 못하는 마음이란? … 134
- 18 어진 사람은 적이 없다 … 136
- 19 독서로 긍정의 마음을 길러라 … 138
- 20 일상의 삶 속에 도가 있다 … 140

04 욕심 내려놓기

01 탐욕을 이기기 위해 꼭 필요한 두 가지 … 144
02 만족과 멈춤을 알아야 한다 … 146
03 때를 기다려라 … 148
04 욕망은 순간의 즐거움일 뿐이다 … 150
05 비교하지 말고, 나의 강점에만 집중하라 … 152
06 반성이 자책으로 이어지게 하지 말라 … 154
07 재물에 인색하면 사람을 잃는다 … 156
08 부러우면 지는 것이다 … 158
09 고집과 아집을 버려야 내가 산다 … 160
10 돌아가는 것이 가장 빠를 수 있다 … 162
11 어떻게 늙느냐가 중요하다 … 164
12 하얀 바탕을 먼저 만들어라 … 166
13 쓸데없는 근심을 내려놓으라 … 168
14 욕심을 줄이면 행복은 배가 된다 … 170
15 비울수록 더 채워지고 베푸는 대로 받게 된다 … 174
16 사치와 검소 그리고 인색함을 바로 알라 … 176
17 향락에 빠지면 본성을 잃는다 … 178
18 욕망은 사람의 본성을 흐리게 한다 … 180
19 큰 그릇은 늦게 만들어진다 … 182
20 재물이 아닌 덕성을 보고 결혼하라 … 184

05 후회 없이 사랑하며 살기

- 01 나의 삶과 일에 최선을 다하여 살고 있는가? … 188
- 02 사람은 꽃보다 아름답다 … 190
- 03 좋은 이웃을 선택하라 … 192
- 04 행복은 소박한 것에서 출발한다 … 194
- 05 진정한 친구와 행복하게 살기 … 196
- 06 덕을 쌓으면 도와주는 사람이 많다 … 198
- 07 부부 금슬이 좋아야 진정한 행복의 맛을 안다 … 200
- 08 형제자매가 아프면 나도 아프다 … 204
- 09 '쾌족의 삶'을 살라 … 206
- 10 덕을 베풀면 돈이 저절로 들어온다 … 208
- 11 하늘은 스스로 돕는 자를 돕는다 … 210
- 12 날마다 새롭게 하라 … 214
- 13 겉과 속이 조화롭게 어우러진 사람이 되라 … 216
- 14 타고난 재능과 장점은 모두 다르다 … 218
- 15 흘러가는 대로 흐르게 하라 … 220
- 16 하나 된 사람의 마음이 가장 강하다 … 222
- 17 행복한 영웅이 되라 … 224
- 18 떠나는 뒷모습을 아름답게 남겨라 … 226
- 19 시작만 해도 90% 성공이다 … 228
- 20 은밀하게 선행을 베풀라 … 230

06 한시로 인생 읊기

- 01 황조가 ⋯ 234
- 02 공무도하가 ⋯ 236
- 03 추야우중 ⋯ 238
- 04 대동강 ⋯ 240
- 05 권학문 ⋯ 242
- 06 산중문답 ⋯ 244
- 07 산거 ⋯ 246
- 08 정중월 ⋯ 248
- 09 정과정 ⋯ 250
- 10 춘흥 ⋯ 252
- 11 음주 ⋯ 254
- 12 사시 ⋯ 256
- 13 송원이사안서 ⋯ 258
- 14 정야사 ⋯ 260
- 15 절구 ⋯ 262
- 16 강촌 ⋯ 264
- 17 촌야 ⋯ 266
- 18 강설 ⋯ 268
- 19 산행 ⋯ 270
- 20 객중초하 ⋯ 272

인간관계의 비밀 알기

01

모든 사람을 손님 대하듯 섬겨라

세상의 모든 사람을 큰손님 맞이하듯이 정성을 다해서 겸손하게 대하는 것이 인(仁)입니다.

• • •

문을 나갔을 때는 큰손님을 만나듯 하며,
백성에게 일을 시킬 때는 큰 제사를 받들 듯이 하고,
자신이 하고자 하지 않는 일을 남에게 베풀지 말아야 하니,
이렇게 하면 나라에 있어서도 원망함이 없으며,
집안에 있어서도 원망함이 없을 것이다.
중궁이 말했다.
"제가 비록 불민하오나 청컨대 이 말씀을 실천하겠습니다."
《논어》

仁者無敵 인자무적

'어진 사람에게는 적이 없다'는 뜻으로, 어진 사람은 남에게 덕을 베풂으로써 모든 사람의 사랑을 받기에 세상에 적이 없습니다.

02

나를 대하듯이 남을 대하라

인간관계의 핵심은 바로 상대방의 입장이 되어보는 겁니다. 내가 먼저 상대방을 알아줄 때 상대방도 나를 알아주게 되는 것이죠. 위에서 싫어하는 것으로 아랫사람을 부리지 말라 했고, 아래에서 싫어하는 것으로 윗사람을 섬기지 말라고 했습니다. 앞에서 싫어하는 것으로 뒷사람을, 뒤에서 싫어하는 것으로 앞사람을 대하지 말아야 합니다.

• • •

내가 하고 싶지 않은 일을 남에게 시키지 말라.

《논어》

남이 나를 소중히 여기길 바란다면,
내가 먼저 남을 소중 히 여겨라.

《명심보감》

易地思之 역지사지

'처지를 바꾸어서 생각하여 본다'는 뜻으로, 상대편의 처지나 형편에서 생각해보고 이해하라는 의미입니다.

03

형제관계가 좋은 집인지 보라

사회에서 만난 형제 같은 관계에 최선을 다하면서 진정 나와 핏줄을 나눈 형제에게 최선을 다하고 있는지 돌아봐야 합니다. 부모에게 효도하는 방법은 여러 가지가 있을 수 있지만, 형제간에 우애하며 사는 모습을 보여주는 것이 가장 훌륭한 효도입니다.

...

세상에서 가장 구하기 힘든 것이 바로 형제다.

《격언연벽》

형을 공경하는 것이 아버지를 섬기는 것과 같지 않으면서 어찌 아우를 사랑하는 것이 자식 사랑에 미치지 못함을 원망하는가?

《안씨가훈》

兄友弟恭 형우제공

'형은 동생을 사랑하며 아우는 형을 공경한다'는 뜻으로, 형제가 서로 우애를 다함을 말합니다.

04

자신에게는 특히 엄정하라

다른 이에게는 봄바람처럼 따스한, 그러나 나에게는 가을 서리처럼
엄정한 사람의 모습을 지녀야 합니다.

• • •

공자께서 말씀하셨다.
자신에게는 엄중하게 책망하고,
남에게는 가볍게 책망한다면,
원망을 멀리하게 된다.

《논어》

남을 책망하는 마음으로 자신을 책망하고,
자신을 용서하는 마음으로 남을 용서하라.

《명심보감》

薄己厚人 박기후인

자신에게 엄격하고 남들에게는 너그럽게 대한다는 의미입니다.

05

입으로만 칭찬하지 말라

인간관계에서 기본은 신뢰입니다. 가정, 학교, 사회에서 상벌제도 또한 신뢰를 바탕으로 엄정하게 이뤄져야 합니다. 상을 받을 만한 사람에게 상을 주고, 벌을 받을 만한 사람에게 벌을 주면 됩니다. 말로만 칭찬하거나 말로 벌을 내리는 행위는 신뢰를 무너뜨리는 행동인데, 오히려 원망을 사게 될 수도 있습니다.

· · ·

공자께서 말씀하셨다.
군자가 입으로만 남을 칭찬하지 않으면
백성들은 충성된 마음을 일으킨다.
그러므로 군자는
남이 춥다는 말을 묻고서 옷을 입혀주며,
남의 굶주림을 묻고서 먹을 것을 주며,
남의 아름다움을 칭찬할 때는 벼슬을 준다.

《논어》

信賞必罰 신상필벌

'공이 있는 자에게는 반드시 상을 주고, 죄가 있는 사람에게는 반드시 벌을 준다'는 뜻으로, 상과 벌은 공정하고 엄중하게 해야 합니다.

06

물이 맑으면 물고기가 없다

너그러우면서도 동시에 엄격함을 유지한다는 것은 매우 어려운 일입니다. 그럼에도 이것은 나라의 정치뿐 아니라 회사 조직, 가정, 학교에서도 필요한 덕목입니다. 개인의 인간관계에서도 너그러움과 엄격함은 필요합니다.

...

공자께서 말씀하셨다.
물이 너무 맑으면 고기가 없고,
사람이 너무 엄격하면 따르는 사람이 없다.

《논어》

水淸無魚 수청무어

'물이 너무 맑으면 고기가 없다'라는 뜻으로, 사람의 성격이 지나치게 강직하고 엄격하면 주변 사람들이 멀어질 수 있다는 말입니다.

07

사람의 마음은 늘 변한다

나의 마음과 상대의 마음은 절대 같을 수 없습니다. 타인의 마음을 내가 절대 어찌할 수 없습니다. 우리가 할 수 있는 것은 타인의 마음을 읽을 수 있는 통찰력을 키우는 일에 더 매진하는 것입니다.

• • •

교활한 토끼가 죽으니 좋은 사냥개를 삶고,
높이 나는 새가 다 잡히면 좋은 활도 광에 들어가며,
적국을 깨부수니 계책을 꾸미던 신하가 망하는구나.
천하가 이제 평정됐는데,
그런고로 나도 마땅히 삶아질 수밖에 없음이로다.

《사기》

兎死狗烹 토사구팽

'토끼가 죽으면 토끼를 잡던 사냥개도 필요 없게 되어 주인에게 삶아 먹히게 된다'는 뜻으로, 필요할 때는 쓰고 필요 없을 때는 야박하게 버리는 경우를 이르는 말입니다.

08

친구는 나와 닮은 사람이다

벗이 잘되는 것을 진심으로 기뻐하는 일, 내 일처럼 아니 내 일보다 더
기뻐하는 친구가 있다면 세상에 부러울 게 없을 것입니다.

• • •

같은 소리를 가진 사람이 서로 만나면 크게 반응하고,
같은 기운을 가진 사람은 서로 만나게 된다.

《주역》

도움이 되는 세 가지 벗이 있고,
손해가 되는 친구도 세 가지 벗이 있다.
정직한 사람을 벗하고 신실한 사람을 벗하고
견문이 많은 사람을 벗하면 유익하고,
아첨하는 사람을 벗하고 부드러운 척을 잘하는 사람을
벗하고 말 잘하는 사람을 벗하면 해롭다.

《논어》

知己之友 지기지우

'나를 알아주는 친구'라는 뜻으로, 자기의 속마음을 참되게 알아주는 친구를 말합니다.

09

나를 알면 다른 사람도 알게 된다

타인과의 경쟁에서 이기는 사람은 힘이 있는 것이지만, 자신의 감정이나 욕심을 이기는 사람은 힘뿐만 아니라 의지까지 굳센 사람이라고 말할 수 있습니다. 세상에서 제일 이기기 힘든 사람이 바로 자기 자신입니다.

...

> 남을 아는 사람은 지(智)라 하겠고,
> 자기 자신을 아는 사람은 명(明)이라 한다.
> 남을 이기는 사람은 힘이 있지만,
> 자신을 이기는 사람은 강하다.
>
> 《노자》

克己復禮 극기복례

'자기의 욕심을 누르고 예의범절을 따른다'는 뜻으로, 자신 안의 나쁜 욕심을 이겨내는 것이 중요합니다.

10

은혜를 잊지 않는 사람이 진정 성공한 사람이다

귀해진 뒤에 천했던 시절을 같이 보낸 사람을 모르는 척하고 잊는 사람은 교만한 사람입니다. 자신의 과거를 인정하고 더 나아가 과거의 자신과 같은 처지에 있는 이들을 보게 되면 존중과 응원으로 힘을 더해주는 사람이 타인들로부터 귀한 대접을 받게 됩니다.

…

> 박하게 베풀면서 후한 것을
> 바라는 사람에게는 보답이 없다.
> 귀해진 뒤 천했던 시절을
> 잊는 사람은 오래가지 못한다.
>
> 《명심보감》

糟糠之妻 조강지처

'술지게미와 쌀겨로 끼니를 이을 때의 아내'라는 뜻으로, 몹시 가난하고 천할 때에 고생을 함께 겪어온 아내를 이르는 말입니다.

11

부드럽고 약한 것이 결국 이긴다

겉보기에 강해 보인다고 진정으로 강한 것은 아닙니다. 부드럽고 약하게 보이는 것에 강함이 있습니다. 거대한 폭풍과 비바람에 나무가 꺾입니다. 하지만 부드러운 갈대는 흔들릴 뿐 꺾이지 않습니다. 약함은 사람들의 도움을 받고, 강함은 사람들의 공격을 받습니다.

•••

> 살아 있는 사람의 몸은 부드럽고 연약하지만,
> 죽은 사람의 몸은 굳고 단단하다.
> 살아 있는 만물과 초목은 부드럽고 연약하지만,
> 죽은 모든 것은 말라 딱딱하다.
> 그러므로 굳고 강한 것은 죽은 것이고
> 부드럽고 연약한 것은 산 것이다.
> 군대가 강하면 승리하지 못하고,
> 나뭇가지가 강하면 부러지고 만다.
> 굳고 강한 것은 아래에 있고,
> 부드럽고 약한 것은 위에 있다.

《도덕경》

外柔內剛 외유내강

겉으로는 부드럽고 순하게 보이나 속은 곧고 굳셈을 말합니다.

12

혼자서 울리는 종은 없다

아무리 뛰어난 인재도 혼자서는 아무것도 할 수 없습니다. 훌륭한 종이 아름다운 소리를 내려면 종을 울려주는 사람이 필요하듯이 사람도 나의 능력을 알아봐주는 사람이 필요합니다.

...

도는 깊은 못처럼 고요히 머물러 있으며
맑은 물처럼 깨끗하다.
쇠붙이나 돌이 그것을 얻지 못하면 소리를 낼 수 없다.
그 때문에 쇠붙이나 돌에 소리를 낼 수 있는 자질이 있지만,
도에 맞추어 두드리지 않으면 소리가 울리지 않을 것이니,
만물 중에서 누가 그것을 일정하게 규정할 수 있겠는가.

《장자》

啐啄同時 줄탁동시

'병아리가 알에서 깨어나기 위해서는 어미 닭이 밖에서 쪼고 병아리가 안에서 쪼며 서로 도와야 일이 순조롭게 완성됨'을 의미합니다.

13

남에게 너그럽고, 나에게 엄격하라

어리석은 사람이라도 남을 꾸짖는 마음은 명확합니다. 반대로 총명한 사람이라도 자신을 용서하는 데는 어둡고 혼미합니다. 그렇기 때문에 우리는 남을 꾸짖는 그 명확한 마음으로 나를 꾸짖고 나를 용서하는 관대한 마음으로 남을 용서해야 합니다.

•••

남을 질책하는 마음으로 자신을 질책하면
허물을 적게 해주고,
자신을 용서하는 마음으로 남을 용서하면
사귐을 온전하게 해준다.

《명심보감》

남의 조그만 허물을 꾸짖지 말고, 남의 사사로운 비밀을 들추어내지 말며, 지난날 남이 저지른 잘못을 마음에 두지 말라. 이 세 가지를 실천하면 덕(德)을 기를 수 있고 또 해(害)를 멀리할 수 있다.

《채근담》

有口無言 유구무언

'입은 있어도 말은 없다'는 뜻으로, 변명할 말이 없거나 변명하지 못함을 말합니다.

14

충고해주는 사람에게 감사하라

좋은 충고를 해준다는 것은 사랑의 또 다른 표현입니다. 애정과 관심의 반대는 무관심입니다. 주위에 충고해주는 사람이 있다는 것은 정말 행복한 일입니다.

공자의 제자 자로는 사람들이 그에게 잘못이 있다고 말해주면 기뻐했다. 우왕은 선한 말씀을 들으면 절하셨다. 위대하신 순임금은 이보다도 더 위대함이 있었으니, 남과 함께 선을 행하셔서 자신을 버리고 남을 따르시며 남에게서 취하여 선을 행하기를 좋아하셨다. 밭 갈고, 곡식을 심으며, 질그릇 굽고, 고기 잡을 때부터 황제가 되기에 이르기까지 남에게서 취한 것 아님이 없으셨다.

남에게서 취하여 선을 행하는 것은, 이것은 남이 선을 행하도록 도와주는 것이다. 그러므로 군자는, 남이 선을 행하도록 도와주는 것보다 더 훌륭한 일은 없다.

《맹자》

忠言逆耳 충언역이

'좋은 충고는 귀에 거슬리지만 행함에 있어 이롭다'는 뜻으로, 정성스럽고 바른말은 귀에 거슬린다는 말입니다.

15

인생에서 경계해야 할 세 가지

세상에 어찌 기쁨만 있고, 또 슬픔만 있겠습니까? 살아가면서 현재 상황에 맞게 즐기고 기뻐하면 됩니다. 슬픈 일이 닥쳐오면 슬퍼하면 그만입니다. 젊어서는 젊은이답게, 장년이 되어서는 장년답게, 노년이 되면 노년답게 그 자리에서 최선을 다해 살아내야 합니다. 이것이 모두가 원하는 참된 삶입니다.

● ● ●

공자께서 말씀하셨다.
"군자는 세 가지 경계해야 할 것이 있다.
어렸을 때는 혈기가 안정되지 않았기에
색(정욕)을 경계하고,
나이 먹어서는 혈기가 막 강해져서
싸움과 경쟁을 경계하고,
늙으면 혈기가 이미 쇠퇴하여
욕심을 경계해야 한다."
《논어》

無病長壽 무병장수

병 없이 건강하게 오래 살아가는 것을 말합니다.

16

하늘을 원망하거나 남 탓을 하지 마라

조상 탓, 부모 탓, 남 탓만 하지 말고 성숙한 사람의 주체적 마음 자세로 삶을 대할 때 인간관계를 비롯하여 모든 일이 잘돼갑니다. 하늘은 스스로 돕는 자를 돕습니다. 남을 탓하거나 원망한다고 해서 내 운명이 달라지는 일은 없습니다.

...

나를 먼저 바르게 하고 남에게 책임을 구하지 말라.
그러면 누구에게도 원망을 사지 않을 것이다.
위로는 하늘을 원망하지 말고,
아래로는 남을 허물하지 말라.
그러므로 군자는 평범하게 처신하여 천명을 기다린다.
그러나 소인은 위험한 행동을 하며 요행을 바란다.

《중용》

盡人事待天命 진인사대천명

사람이 할 수 있는 일을 다 하고서 하늘의 뜻을 기다립니다.

17

자기 자신이 재앙과 복을 불러온다

인간관계가 잘 풀리지 않는다면 곰곰이 자신을 되돌아보아야 합니다. 상대방 때문이 아니라 본인 자신 때문일 수 있습니다. 지금 불행하다면 자신의 과거 행적들을 반추해봐야 합니다.

...

지금 나라가 한가하고,
이때에 이르러 즐기고 게으르게 논다면
이것은 스스로 화를 구하는 것이다.
재앙과 복은 모두 자기 자신이 불러들인 것이다.

《맹자》

口禍之門 구화지문

화는 입으로부터 생기므로 말을 삼가고 행동을 조심해야 한다는 의미입니다.

18

훌륭한 사람을 볼 줄 아는 눈을 키워라

나를 알아봐주는 사람을 그저 맹목적으로 기다려서는 안 됩니다. 오늘날은 스스로 자기를 홍보하는 시대입니다. 끊임없이 배우고 더 나은 나 자신으로 갈고닦으면서 나를 진정으로 알아봐줄 사람을 적극적으로 찾아야 합니다. 준비된 자와 준비된 자를 찾는 사람은 마주쳤을 때 첫눈에 서로를 알아볼 것입니다. 결국 준비된 자만이 성공합니다.

・・・

지금 여기에 천리마가 있다 해도
말을 잘 보는 훌륭한 사람을 만나지 못하면
오히려 (하루에 천리를 달리는 천리마로 보지 못하여)
얻지 못할 것이다.
말을 잘 보는 훌륭한 사람이 천리마와 서로 만난
연후에야 (천리마를) 이룰 수 있으니,
비유한다면 북을 치는 채와 북이 서로 어울리는 것과 같다.

《여씨춘추》

天生緣分 천생연분

'하늘이 정해준 연분'을 뜻합니다.

19

자주 보아야 사람의 마음을 얻을 수 있다

사람과의 관계도 학문을 연마하는 것과 마찬가지입니다. 자주 만나서 교류하고 친목을 도모해야 점점 가까워집니다. 아무리 친한 사이라도 만나지 않으면 멀어지게 마련입니다. 인생은 정말 짧습니다. 좋은 사람을 놓치지 마세요. 자주 보고 자주 만나세요. 이것이 행복하게 사는 비결입니다.

• • •

산속에 난 좁은 길도

계속 다니면

금방 길이 만들어지지만

다니지 않으면

풀이 자라 길을 막는다.

《맹자》

類類相從 유유상종

'같은 무리끼리 서로 사귐'을 뜻합니다.

20

모든 문제의 원인은 자기 자신에게 있다

일이 잘못되었다면 제일 먼저 자신의 문제와 단점을 정확하게 보고 고쳐나가야 인간관계가 바르게 유지됩니다. 계속 남 탓을 하고 세상 탓을 한다면 절대로 바른 관계 유지를 할 수 없습니다.

• • •

군자는 자기 자신에게서 잘못을 찾고
소인은 남에게서 잘못을 찾는다.

《논어》

자기 집 두레박줄이 짧은 것을 한탄하지 않고
남의 집 우물의 깊은 것을 탓한다.

《명심보감》

反求諸己 반구저기

'잘못을 자신에게서 찾는다'는 뜻으로, 어떤 일이 잘못되었을 때 남의 탓을 하지 않고 그 일이 잘못된 원인을 자기 자신에게서 찾아 고쳐나간다는 의미입니다.

02

배움의 지혜 터득하기

01

배움의 기쁨을 누려라

배움 그 자체로도 기쁨과 즐거움 그리고 행복을 느낄 수 있습니다. 배움은 나를 지키는 방패이고 나를 성장시키는 영양제입니다. 자신에게 주는 사랑입니다. 끊임없이 새로운 것을 배우고 성장할 때 더 나은 삶을 살 수 있습니다.

....

배우고 때때로 그것을 익히면 또한 기쁘지 아니한가?
벗이 먼 곳에서 찾아오면 또한 즐겁지 아니한가?
남이 나를 알아주지 않아도 노여워하지 않는다면
또한 군자가 아니겠는가?

《논어》

學而時習 학이시습

'배우고 때로 익힌다'는 뜻으로, 배운 것을 항상 복습하고 연습하면 그 참뜻을 알게 된다는 의미입니다.

02

습관의 차이가 인생의 차이다

좋은 습관을 만드는 것이 중요합니다. 하루 24시간 안에 좋은 습관을 배치하는 것이 좋은 습관을 오랫동안 유지할 수 있는 비결입니다. 좋은 습관을 많이 들인 사람이 앞선 사람이며 성공할 사람입니다.

...

공자께서 말씀하셨다.
타고난 본성은 모두 비슷하지만
습관이 차이를 만든다.

《논어》

日就月將 일취월장

실력이 나날이 다달이 자라거나 발전한다는 뜻입니다.

03

꾸준함을 이기는 것은 없다

일도 공부도 꾸준함을 이기는 것은 없습니다.
'낙숫물이 댓돌을 뚫는다.'
이 말처럼 아무리 어려운 일이라도 집요하게 노력하면 이뤄집니다.

...

하고자 하는 자는 언젠가 성공하고,
걷는 자는 틀림없이 도착한다.
나는 남과 다른 것이 아무것도 없다.
다만 언제나 일을 하되 포기하지 않았고
항상 걷되 쉬지 않았을 뿐이다.
그 때문에 나에게 미치지 못하는 것이다.

《안자춘추》

愚公移山 우공이산

'우공이 산을 옮긴다'는 뜻으로, 어떤 일이든 끊임없이 노력하면 반드시 이루어짐을 이르는 말입니다.

04

잃어버린 마음을 찾는 것이 진정한 공부다

공부란 더 나은 사람이 되기 위한 공부가 되어야 합니다. 인의를 통해서 선한 마음을 회복될 수 있는 공부가 진정한 공부입니다. 사심(私心)을 버리고 양심인 천성(天性)을 되찾는 것에 집중해야 합니다.

• • •

인은 사람의 마음이고,
의로움은 사람의 길이다.
그 길을 버리고도 걸어가지 않으며,
그 마음을 잃어버리고도 찾을 줄을 모르니,
슬픈 일이다.
사람은 닭이나 개를 잃어버리면
이것을 찾을 줄은 알면서도,
자기의 마음을 잃어버리면 찾을 줄을 모른다.
학문의 길은 다른 데 있는 게 아니라
그 잃어버린 마음을 찾는 데 있을 뿐이다.

《맹자》

多岐亡羊 다기망양

'갈림길이 많아 잃어버린 양을 찾지 못한다'는 뜻으로, 두루 섭렵하기만 하고 전공하는 바가 없어 끝내 성취하지 못함을 뜻합니다.

05

탁월한 재능만으로 배우는 사람을 이길 수 없다

탁월한 재능이 있는 것만 믿고 배움을 멀리하는 사람은 반드시 실패합니다. 반대로 탁월한 재능은 없지만, 끊임없이 배우고 노력하는 사람은 성공합니다.

...

> 썩은 나무에는 조각할 수 없고,
> 썩어 문드러진 흙담에는
> 흙손질할 수가 없는 것이니,
> 재여를 나무란들 무엇하리오.
>
> 《논어》

畫耕夜讀 주경야독

'낮에는 농사짓고, 밤에는 글을 읽는다'는 뜻으로, 어려운 여건 속에서도 꿋꿋이 공부함을 이르는 말입니다.

06

하루 24시간은 동일하다

하늘이 공평하게 준 것은 시간입니다. 인생의 시간 안에서 각자에게 주어진 하늘의 소명이 있습니다. 그 소명을 일찍 알고 묵묵히 그것을 실현하기 위해 노력한 사람은 하늘이 복을 줍니다.

...

공자의 〈삼계도〉
일생의 계획은 어릴 때에 있고,
한 해의 계획은 봄에 있고,
하루의 계획은 새벽에 있다.
어려서 배우지 않으면 늙어 아는 것이 없으며,
봄에 밭을 갈지 않으면 가을에 거둘 것이 없고,
새벽에 일어나지 않으면
하루의 일이 제대로 되지 않을 것이다.

《명심보감》

一刻千金 일각천금

'일각을 천금과 같이 하라'는 뜻으로, 아무리 짧은 시간이라도 천금과 같이 귀중하게 여기라는 의미입니다.

07

작은 일을 끝까지 하면 위대한 일이 된다

'배움'이라는 것은 중간에 그만두지 않으면 어떤 일이든지 이룰 수 있습니다. 실패란 그 일을 포기하거나 끝내기 전에는 일어나지 않습니다. 아무리 작고 하찮은 일도 꾸준하게 끝까지 하다 보면 위대한 일이 됩니다.

...

흙이 쌓이면 산을 이루고,
물이 모이면 연못을 이루며,
선을 쌓으면 덕을 이룬다.
자르다가 그만두면 썩은 나무도 자를 수 없지만
새기기를 중지하지 않는다면 쇠나 돌에도 새길 수 있다.

《순자》

반걸음이라도 모으지 않으면 천 리 길에 이를 수 없고,
작은 개울이 없으면 강이나 바다를 이루지 못한다.

《명심보감》

孟母斷機 맹모단기

맹자가 학업을 중단하고 돌아왔을 때, 그 어머니가 짜던 베를 잘라서 학문을 중도에 그만둔 것을 훈계했다는 이야기에서 유래한 말입니다.

08

한 가지 그릇 모양만 되어서는 안 된다

군자는 유연한 사고를 갖춘 사람입니다. 내 밥그릇만 고수하지 않습니다. 때로는 내 밥그릇을 깨고 다른 모습으로 넘나들 수 있어야 합니다. 한 가지만 담는 그릇이 되어서는 안 됩니다. 다양한 것을 수용하고 통찰력을 지닌 사람이 되어야 합니다.

...

> 공자께서 말씀하셨다.
> 군자는 그릇 같은 존재가 아니니라.
>
> 《논어》

與世推移 여세추이

'세상과 더불어 처세도 미루어 옮긴다'는 뜻으로, 세상이 변하는 대로 따라 변해야 한다는 의미입니다.

09

위기를 피할 세 개의 굴을 가져라

위기를 모면하기 위한 은신처가 최소 하나 정도는 있어야 합니다. 그곳은 바로 사랑하는 가족이 있는 '가정'입니다. 어떤 어려움과 힘든 일이 있어도 이겨낼 수 있는 건 가족의 사랑 덕분입니다. 가정에서 사랑받은 사람은 어떤 위기가 닥쳐와도 이겨낼 수 있습니다. 그 사랑과 믿음으로 위기에 모면할 은신처를 만드는 것입니다.

...

> 똑똑한 토끼는 위기를 대비해
> 세 개의 굴을 파고 산다.
>
> 《사기》

有備無患 유비무환

미리 준비가 되어 있다면 걱정할 것이 없다는 의미입니다.

10

고난은 하늘이 준 축복이다

사물이 어떤 한계점이나 극한에 도달하게 되면 필연적으로 변화가 일어나고, 그 변화는 막힘없는 흐름을 만들어내며, 결국 그 흐름은 오래도록 지속될 수 있습니다.

...

역은 궁하면 변하고 변하면 통하고 통하면 오래 한다.
이로써 하늘이 도와 길하며 이롭지 않음이 없다.

《주역》

일을 잘하려면 반드시 그 도구부터
날카롭게 다듬고 준비해야 한다.

《논어》

物極必反 물극필반

모든 사물은 그 극에 도달하면 다시 원위치로 되돌아온다는 뜻입니다.

11

좋은 옥은 하루아침에 만들지 못한다

배움을 통해서 자신의 성품을 다듬고 세상에 도움을 줄 수 있는 사람으로까지 나아가야 합니다. 아무리 거친 돌이라 해도 갈고닦으면 귀한 보석 같은 돌이 될 수 있습니다.

…

옥은 매끄럽게 다듬지 않으면 그릇이 될 수 없고
사람은 배우지 않으면 도를 알지 못한다.
그래서 고대에 어진 군주는
나라를 세우고 백성을 다스릴 때
가르치고 배우는 것을 우선으로 했다.

《예기》

사람에게 학문은 옥돌을 갈고닦는 것과 같다.

《순자》

切磋琢磨 절차탁마

'옥이나 돌 따위를 갈고닦아서 빛을 낸다'는 뜻으로, 부지런히 학문과 덕행을 닦아야 한다는 교훈을 줍니다.

12

최고의 고수는 말로 하지 않는다

말로 배우지 않고 직접 몸으로 익히는 배움이 진정한 배움입니다. 배움의 방법이 바르지 않으면 도구 탓, 환경 탓을 하게 됩니다. 목표를 설정하고 목표를 향한 바른 방법을 터득했다면 반드시 고수가 될 것입니다.

● ● ●

솜씨가 뛰어난 포정(백정)이

소의 뼈와 살을 발라낸다.

《장자》

庖丁解牛 포정해우

'솜씨가 뛰어난 포정이 소의 **뼈와 살을 발라낸다**'는 뜻으로, 기술이 매우 뛰어남을 칭찬할 때 사용합니다.

13

남에게 보이기 위한 배움을 하지 말라

남에게 보이기 위한 배움이 아닌 나를 위한 배움이 참된 배움입니다. 배움을 통해 내가 행복해지고 내 주변도 행복하게 만들어나가는 것이 배움을 하는 목적이며 이런 배움을 실천하는 사람이 군자이고 참된 리더입니다.

・・・

> 공자께서 말씀하셨다.
> 옛날 배우는 사람들은
> 자신을 위한 배움을 했는데
> 지금 배우는 사람들은
> 남을 위한 학문을 한다.
>
> 《논어》

溫故知新 온고지신

'옛것을 복습하여 새것을 안다'라는 뜻으로, 옛 학문을 연구하여 현실에 맞게 새로운 학문을 이해하고 해석해야 한다는 뜻입니다.

14

배우기를 부끄러워하지 말라

질문을 통해 앎은 완성됩니다. 모르는 것에 대해 묻는 것을 부끄럽지 않게 생각하는 이가 진정으로 배우기를 좋아하는 사람입니다. 모르면서 아는 체하는 이가 더 부끄러운 사람입니다.

• • •

자공이 여쭈었다.
"공문자는 무엇 때문에 문이라고 부릅니까?"
공자께서 말씀하셨다.
"그는 영민하고 배우기를 좋아하며
자기보다 못한 사람에게 묻는 것을
부끄럽게 여기지 않았다.
이 때문에 그를 문이라고 부른다."

《논어》

不恥下問 불치하문

손아랫사람이나 지위나 학식이 자기만 못한 사람에게 모르는 것을 묻는 일을 부끄러워하지 않아야 한다는 뜻입니다.

15

세상의 모든 이가 나의 스승이다

가장 중요한 것은 바로 '나'의 삶을 대하는 태도입니다. 나 자신이 먼저 좋은 점을 본받을 게 많은 사람이 되어야 합니다. 그런 다음 인생 멘토를 찾아서 배움을 평생토록 이어간다면 이보다 더 좋은 배움의 자세는 없습니다.

• • •

세 사람이 함께 길을 가면
거기에는 반드시 나의 스승이 있다.
그 가운데 나보다 나은 사람의
좋은 점을 골라 그것을 따르고,
나보다 못한 사람의 좋지 않은 점을
골라 그것을 바로잡는다.
《논어》

어진 행동을 보고는 그와 같아질 것을 생각하고,
어질지 못한 것을 보면 마음속으로 자신을 반성해야 한다.
《논어》

反面教師 반면교사

다른 사람이나 사물의 부정적인 측면에서 가르침을 얻을 수 있다는 뜻입니다.

16

즐기는 자를 이길 수 없다

알아가는 재미로 시작해서 좋아하고 즐기는 단계에 가면 최고의 만족감을 느끼며 행복감도 느끼게 됩니다. 특히 배움을 통해 즐거움을 맛보는 인생을 살 수 있다면 그 사람은 최선의 인생을 사는 것이라 말할 수 있습니다.

• • •

어떤 사실을 아는 사람은 그것을 좋아하는 사람만 못하고,
좋아하는 사람은 즐기는 사람만 못하다.

《논어》

지혜로운 사람은 물을 좋아하고,
어진 사람은 산을 좋아하며,
지혜로운 사람은 동적이고,
어진 사람은 정적이며,
지혜로운 사람은 인생을 즐겁게 살고,
어진 사람은 인생을 길게 산다.

《논어》

樂山樂水 요산요수

'산을 좋아하고 물을 좋아하다'라는 뜻으로, 산수의 경치를 좋아하는 것을 비유하는 말입니다.

17

노력하는 사람이 천재를 이긴다

천재를 이기는 자는 노력하는 자입니다. 천재적인 재능을 가진 자를 이기는 자는 끝까지 완수한 사람입니다. 중간에 포기만 하지 않는다면 반드시 이뤄집니다.

...

아예 배우지 않으면 몰라도 일단 배우기 시작했다면
능할 때까지 중도에 포기하지 말라.
아예 묻지 않으면 몰라도 일단 묻기 시작했다면
정확히 알 때까지 중도에 포기하지 말라.
아예 생각하지 않으면 몰라도 일단 생각하기 시작했다면
결과를 얻을 때까지 중도에 포기하지 말라.
아예 분별하지 않으면 몰라도 일단 분별하기 시작했다면
분명해질 때까지 중도에 포기하지 말라.
아예 행동하지 않으면 몰라도 일단 행동하기 시작했다면
독실해질 때까지 중도에 포기하지 말라.

다른 사람이 한 번에 능해지면 나는 백 번을 하고
다른 사람이 열 번에 능해지면 나는 천 번을 한다.
과연 이렇게 할 수 있다면
비록 어리석더라도 반드시 현명해지고,
비록 유약하더라도 반드시 강해진다.

《중용》

磨斧作針 마부작침

'도끼를 갈아서 바늘을 만든다'는 뜻으로, 아무리 어려운 일이라도 끊임없이 노력하면 반드시 이룰 수 있음을 이르는 말입니다.

18

공부할 시간이 없는 것이 아니라 마음이 없는 것이다

공부를 잘하는 사람들의 특징은 '바로', '즉시' 그 자리에서 실행에 옮깁니다. 시간은 한정되어 있다는 것을 알기 때문에 지금 당장 실행하는 것입니다.

• • •

오늘 배우지 않으면서 내일이 있다 하지 말고
올해에 배우지 않고 내년이 있다고 하지 말라.
해와 달은 가고, 세월은 나를 위해 멈춰주지 않네.
아! 늙었다고 한탄한들 누구의 허물이겠는가?

《고문진보》

소년은 늙기 쉽고 학문은 이루기 어려우니, 작은 시간이라도 가벼이 여기지 말라. 못가의 봄풀이 꿈을 깨기도 전에 뜰 앞의 오동잎은 가을을 알리는구나.

_주희, 〈권학문〉

一刻三秋 일각삼추

'매우 짧은 시간이 삼 년 같다'는 뜻으로, 몹시 기다려지거나 지루한 느낌이 들 때 사용합니다.

19

사람이 먼저 되고 그 후에 배워라

공자는, 학문은 사람됨을 먼저 갖추고 난 뒤 여력이 남으면 하는 것임으로 가르쳤습니다. 현시대에 이런 정신은 반드시 본받아야 합니다. 사람이 먼저 되고 그 후에 배워도 늦지 않습니다.

...

젊은 사람은 집에 들어가면 부모님께 효성스럽고
밖으로 나가면 윗사람에게 공경스러우며,
언행이 근엄하고 믿음성이 있으며,
널리 여러 사람을 사랑하고 인을 가까이하되,
이렇게 하고도 남는 힘이 있으면
그 힘으로 글을 배우는 법이다.

《논어》

孝悌忠信 효제충신

어버이에 대한 효도, 형제끼리의 우애, 임금에 대한 충성과 벗 사이의 믿음을 한 구절로 이르는 말입니다.

20

배움을 대하는 네 가지 자세

배우지 않는 사람들의 결말은 예상이 됩니다. 그들의 삶은 늘 최하등의 삶을 살 것입니다. 남의 굴림을 받고, 자존감은 바닥이며, 희망과 미래도 없이 근근이 살아가게 될 것입니다. 배움으로 곤궁함을 이겨낼 수 있습니다. 배움을 대하는 자세가 인생을 결정할 수 있다는 사실을 명심해야 합니다.

• • •

> 나면서부터 아는 사람이 상급이고
> 배워서 아는 사람이 그다음이고
> 곤경에 처해서 배우는 사람은 또 그다음이며
> 곤경에 처해도 배우지 않으면 사람이 하급이 된다.
>
> 《논어》

螢雪之功 형설지공

'반딧불과 달빛에 비친 겨울 눈빛으로 공부하여 성공했다'는 의미로 어려운 환경 속에서도 꾸준하게 노력하는 자세를 강조합니다.

긍정의 마음 유지하기

01

생활이 안정되어야 마음이 평온하다

배가 부르고 등이 따뜻해야 비로소 윤리와 도덕이 생깁니다. 마음의 안정은 기본적인 의식주가 해결되어야 유지될 수 있습니다. 먹고사는 것이 불안정하더라도 변치 않는 마음으로 도덕과 윤리를 지킬 수 있는 사람은 진정한 군자입니다.

...

일정한 생업이 없는데도 항상 바른 마음을
지닐 수 있는 사람은 선비만 가능합니다.
일반 백성은 경제적 안정이 없으면
일정한 마음을 가질 수가 없습니다.
백성들이 사는 방도는
일정한 생업이 있으면 일정한 마음이 있고,
일정한 생활이 없으면 일정한 마음이 없습니다.

《맹자》

太平聖代 태평성대

어진 임금이 잘 다스리어 태평한 세상이나 시대를 말합니다.

02

홀로 있을 때도 신중하라

나에게 엄밀하고, 나에게 엄격하고, 나에게 솔직할 수 있는 이가 성공할 사람입니다. 나 자신을 신뢰하는 사람은 남을 신뢰합니다. 긍정에너지는 나를 사랑하는 마음에서 시작됩니다.

...

감추어져 있는 것보다
더 잘 나타나는 것이 없고
드러나는 것이 없으니
그러므로 군자는
그 홀로 있을 때를 삼간다.

《중용》

홀로 있는 곳에서 자신을 속이지 말라.

《해동소학》

改過遷善 개과천선

자신의 지난날의 잘못이나 허물을 고쳐 올바르고 착하게 변화되는 것을 뜻합니다.

03

마음의 윤택함을 추구하라

마음의 윤택함은 욕심과 집착을 버리면 생깁니다. 윤택한 마음은 부와
건강을 가져다줍니다. 행복한 삶은 마음가짐에서부터 시작됩니다.

・・・

부는 집을 윤택하게 하고,
덕은 몸을 윤택하게 하니,
마음이 윤택해지면 몸도 살찌느니라.
그러므로 군자는 그 뜻을 정성스럽게 하느니라.

《대학》

나의 사사로운 마음을 버리면
오히려 사사로운 성공을 이룰 수 있다.

《도덕경》

安貧樂道 안빈낙도

가난한 생활을 하면서도 편안한 마음으로 도를 즐기며 사는 삶의 태도를 말합니다.

04

낮은 자세로 겸손함을 드러내라

물처럼 낮은 곳으로 흘러가야 하며 그곳에 머물기를 싫어하지 않는 사람에게는 허물이 없습니다. 그런 사람의 마음에는 평강이 있습니다.

...

> 최상의 덕은 물과 같나니
> 물은 만물을 이롭게 하면서도 다투지 않고
> 뭇사람이 싫어하는 곳에 머문다. 그러므로 도에 가깝다.
> 몸은 땅처럼 낮은 곳에 거하고, 마음은 연못처럼 고요하며
> 행동에는 인자함이 있고, 말에는 믿음직스러움이 있으며
> 다스리는 것은 정의로우며, 일 처리는 능숙하며,
> 움직이는 것은 때에 맞는다.
> 오직 다투지 않으니, 그러므로 허물이 없다.
>
> 《도덕경》

謙讓之德 겸양지덕

겸손한 태도로 남에게 양보하거나 사양하는 아름다운 마음씨나 행동을 뜻합니다.

05

무에서 유를 창조하는 긍정의 힘

모든 것을 잃었다고 생각될 때가 가장 많이 얻을 기회일지도 모릅니다. 노자가 말한 무에서 유를 창조하는 때일지 모릅니다. 편안할 때보다 어렵고 힘들 때 더 좋은 대안들이 창조됩니다.

• • •

순환 반복이 도의 운행이요,

겸허 유약이 도의 작용이다.

천하 만물은 유(有)에서 생겨나고,

유는 무(無)에서 생겨난다.

《도덕경》

轉禍爲福 전화위복

재앙과 근심 그리고 걱정이 바뀌어 오히려 복이 될 수 있다는 뜻입니다.

06

역경의 끝은 반드시 있다

예상하지 못한 어렵고 힘든 상황이 닥쳐오면 두려워하거나 조급해하지 말고, 마음의 여유를 갖고 바람과 비가 멎기를 기다려야 합니다. 결국 힘든 상황은 시간이 지나면 좋아집니다. 시간이 약이 되듯이 지나가게 두면 언제 그랬냐는 듯 반전됩니다.

...

회오리바람이라도
아침나절을 넘기지 못하고,
소나기라도
하루 종일 내리지 못한다.

《도덕경》

塞翁之馬 새옹지마

인생의 길흉화복은 변화가 많아서 예측하기가 어려우니 너무 낙담하거나 심하게 즐거워하다가 일을 그르치지 않는 삶의 태도를 가르쳐줍니다.

07

임무를 맡길 때 주는 역경 네 가지

우리가 명심해야 할 것은 하늘은 아무에게나 큰 임무를 주지 않는다는 사실입니다. 큰 임무는 그 임무를 맡아 감당이 될 만한 사람에게만 줍니다. 마음의 아픔과 육신의 고통은 더 큰 내가 되기 위한 과정임을 기억하고 견뎌내면 반드시 하늘이 크게 사용합니다.

...

첫째, 그 사람의 마음과 뜻을 고통스럽게 한다.
둘째, 그 사람의 뼈와 근육을 수고롭게 한다.
셋째, 그 사람의 몸과 피부를 굶주리게 한다.
넷째, 그 사람의 신세를 궁핍하게 한다.

《맹자》

苦盡甘來 고진감래

'쓴 것이 다하면 단 것이 온다'는 뜻으로, 고생 끝에 즐거움이 온다는 말입니다.

08

칭찬, 비난에 연연하지 말고 인생길을 가라

예기치 않은 칭찬을 받는다고 너무 우쭐할 것도 아니고, 생각지 못한 비난을 받는다고 너무 속상해할 것도 아닙니다. 칭찬과 비난에 연연하지 말고 묵묵히 내 인생의 길을 가면 그만입니다.

...

생각지도 못했던 칭찬(영예)이 있을 수 있고
온전하기를 노력했음에도 비난이 있을 수 있다.

《맹자》

한때의 분함을 참으면 백날의 근심을 면한다.

《명심보감》

一喜一悲 일희일비

한편으로는 기뻐하고 한편으로는 슬퍼함. 또는 기쁨과 슬픔이 번갈아 일어남을 이르는 말입니다.

09

우물 파는 일을 중도에 포기하지 말라

우물을 파야겠다는 계획조차 없는 사람도 많습니다. 일단 일의 성공 여부와 관계없이 의미 있는 계획을 세운 것에 자부심을 가지고 목표를 이룰 때까지 자기 자신을 무시하지 않고, 자신이 능력 없는 사람이라며 중도에 포기하지만 않는다면 무엇이든 이룰 수 있습니다.

• • •

어떤 목표를 세워
그 일을 완수하려고 하는 것은
비유하면 우물을 파는 것과 같다.
우물을 아홉 길이나 깊이 팠더라도
샘을 발견하지 못했다면
그것은 오히려 우물 파는 것을
애초부터 포기한 것이나 마찬가지다.

《맹자》

水滴穿石 수적천석

'물방울이 바위를 뚫는다'는 뜻으로, 작은 노력이라도 끈기 있게 계속하면 큰일을 이룰 수 있음을 말합니다.

10

가슴속에 뜨거운 열정을 품고 있는가?

자기 자신을 믿고 어떤 고난과 역경에도 굴복하지 않으며, 가슴속에 꽉 붙잡고 싶은 깨달음이나 사람이나 꿈이 있다면 안회처럼 붙잡고 잃어버리지 말아야 합니다. 가슴속에 뜨거운 열정 하나 정도는 품고 사세요.

...

> 안회의 사람됨이
> 중용의 인생을 선택하여
> 살다가 좋은 생각을 하나 얻으면
> 가슴에 꽉 붙여, 그것을 잃지 않았다.
>
> 《중용》

刻骨難忘 각골난망

남에게 입은 은혜가 **뼈**에 새길 만큼 커서 잊히지 않는다는 의미입니다.

11

마음을 좋은 것으로 채워야 한다

'말(言)'은 곧 자기 자신입니다. 말로 사랑도 줄 수 있고 상처도 줄 수 있습니다. 마음에도 없는 말을 하지 말고, 마음에 좋은 것을 채워서 좋은 말을 많이 하고 살아야 합니다.

마음이 안정되면 그 말이 신중하고 여유가 있고,
마음이 안정되지 못하면 그 말이 속되고 급하다.

《근사록》

마음을 기르는 데 욕심을 줄이는 것보다 더 좋은 것은 없다. 욕심을 줄인다면 설사 선한 본능을 보존하지 못한 것이 있더라도 적을 것이고, 욕심이 많다면 선한 본능을 보존한 것이 있다 하더라도 적을 것이다.

《맹자》

言中有骨 언중유골

'말 속에 뼈가 있다'는 뜻으로, 평범한 말 속에 단단한 속뜻이 들어 있을 수 있음을 말합니다.

12

마음이 없으면 보아도 보이지 않는다

우리는 이미 지나버린 과거도 아니고, 아직 다가올 미래도 아닌, 현재 '지금'에 집중하며 바른 마음가짐으로 살아가야 합니다. 마음이 있어야 세상의 이치가 보입니다. 마음이 없으면 보아도 보이지 않습니다.

• • •

이른바 수신(修身)은 그 마음을 바르게 하는 데
달려 있다고 하는 이유는
몸에 분노하는 바가 있으면 그 바름을 얻지 못하고,
두려워하는 바가 있으면 그 바름을 얻지 못하고,
좋아하고 즐거워하는 바가 있으면 그 바름을 얻지 못하고,
근심하는 바가 있으면 그 바름을 얻지 못하기 때문이다.
마음에 있지 않으면 보아도 보이지 않고,
들어도 들리지 않고, 먹어도 그 맛을 모른다.
이것을 일러 수신은 그 마음을 바르게 하는 데
달려 있다고 하는 것이다.

《대학》

以心傳心 이심전심

마음과 마음으로 서로 뜻이 통한다는 뜻입니다.

13

위기에서도 즐거울 수 있는 비결

위기에 강한 이가 진정한 용자입니다. 곤궁에도 운명이 있고, 형통할 때도 때가 있음을 알고 의연한 자세로 긍정하며 살아간다면, 그 어떤 어려움에 빠져도 큰 두려움 없이 잘 해결해 나아갈 수 있습니다.

...

물 위를 가면서 교룡을 두려워하지 않는 것은 어부의 용기이고, 육지를 여행하면서 외뿔소와 호랑이를 두려워하지 않는 것은 사냥꾼의 용기이고, 칼날이 눈앞에서 교차하는 전투에 직면하고서도 죽음을 삶처럼 보아 조금도 두려워하지 않는 것이 열사의 용기다.

곤궁에는 운명이 있음을 알고, 형통에는 때가 있음을 알고, 큰 어려움에 처해도 두려워하지 않는 것이 성인의 용기다.

《장자》

一觸卽發 일촉즉발

한 번 건드리기만 해도 폭발할 것같이 몹시 위급한 상태를 이르는 말입니다.

14

마음가짐이 절실하면 반드시 이뤄진다

꽃은 가장 절박할 때 가장 화려하게 핀다고 합니다. 꽃들은 꽃을 피우기 어려운 환경일 때 꽃을 피우고 열매를 맺게 됩니다. 사람의 인생도 마찬가지입니다. 역사적으로 위대한 사람들이 큰 역경을 만났을 때 굴하지 않고 용기 있게 극복했기에 위인이 될 수 있었습니다.

...

> 덕(德)의 지혜와 기술의 지혜가 있는 사람은
> 항상 질병에 걸린 것처럼 어려운 시련 가운데에 있다.
> 임금의 눈에 들지 않은 신하와 서자로 태어난 사람은
> 그들의 마음가짐이 절실할 수밖에 없고
> 그 어려움을 극복하는 생각이 깊을 수밖에 없다.
> 그러므로 그런 사람들은
> 남보다 뛰어난 사람이 되는 것이다.
>
> 《맹자》

四面楚歌 사면초가

'사면에서 초나라 노랫소리가 들린다'는 뜻으로, 아무에게도 도움받지 못하는, 외롭고 곤란한 지경에 빠진 형편을 이르는 말입니다.

15

흙먼지를 일으키며 다시 돌아오라

포기하지 않는다면 반드시 기회는 옵니다. 상대방에게 최고의 복수는
다시 일어나서 재기하는 모습을 보여주는 것입니다.

...

이기고 지는 것은 병가에서 기약할 수 없는 것,
부끄러움을 가슴에 안고 치욕을 참는 것이 진짜 사내다.
강동의 자제들 중 준걸도 많은데,
흙먼지 휘날리며 다시 올 것을 어이 깨닫지 못했는가?

〈제오강정〉

捲土重來 권토중래

'흙먼지를 일으키며 다시 돌아온다'는 뜻으로, 어떤 일에 실패하였으나 힘을 축적하여 다시 일에 착수하는 것을 말합니다.

16

"내 탓이오"라고 말할 줄 알아야 한다

공자는 군자의 책임 의식을 '활쏘기'에 빗대어 설명하는데, 활을 쏘아 과녁을 맞히지 못했을 때 모든 책임이 활을 쏜 사람에게 있다고 봅니다. 모든 잘못의 시작은 나에게 있다는 것입니다.

> 활을 쏘는 것은 군자의 모습과 닮은 점이 있다.
> 내가 활을 쏘아 정확한 과녁에서 벗어나면
> 돌이켜 자신에게서 그 책임을 구해야 하기 때문이다.
>
> 《중용》

推己及人 추기급인

'자기를 미루어 남에게 미친다'는 뜻으로, 자기의 처지에 비추어 다른 사람의 형편을 헤아려본다는 말입니다.

17

남의 불행을 차마 두고 보지 못하는 마음이란?

남의 불행을 차마 두고 보지 못하는 불인지심(不忍之心)을 가지고 국민들의 아픔에 공감하는 정치인이 필요합니다. 선거에 눈이 먼 채 기득권 자리만 탐하는 지도자가 넘쳐나는 이 시점에 맹자와 같은 현인이 간절합니다.

• • •

> 선왕이 차마 지나치지 못하는 마음이 있으니
> 이에 차마 그냥 못 본 척할 수 없는 정사가 있다.
> 사람에게 차마 지나치지 못하는 마음으로
> 그냥 못 본 척할 수 없는 정사를 행하면
> 천하를 다스리는 것은
> 손바닥에서 움직이는 것과 같을 것이다.

《맹자》

鼓腹擊壤 고복격양

중국 요임금 때 한 노인이 배를 두드리고 땅을 치면서 요임금의 덕을 찬양하고 태평성대를 즐겼다는 데서 유래한 말로, 태평한 세월을 즐긴다는 뜻입니다.

18

어진 사람은 적이 없다

백성들에게 효제충신(孝弟忠信)의 인간 도리를 가르치고 실현할 기회를 줘야 합니다. 기본에 충실하면 민생이 안정되고, 민생이 안정되면 윤리와 도덕이 살아납니다. 태평성대는 세심한 배려심과 따뜻한 사랑에서 시작됩니다. 어진 정치, 즉 왕도정치를 하는 리더가 있다면 그를 사람들은 **목숨** 걸고 지켜줍니다. 인을 실천하는 사람은 누구도 대적할 수 없습니다.

...

어진 자는 대적할 자가 없다.

《맹자》

興民同樂 여민동락

임금이 백성과 함께 즐기면 태평성대가 된다는 의미입니다.

19

독서로 긍정의 마음을 길러라

책을 입으로만 읽지 않고 마음으로 깨닫고 실천 방향까지 나아갔을 때 진정한 독서라고 할 수 있습니다. 독서로 충분히 긍정의 마음을 기를 수 있습니다.

...

무릇 책을 읽는 자는 반드시 단정히 손을 모으고 무릎을 꿇고 앉아서 공경하는 마음가짐으로 책을 마주하여 마음을 오롯이 하고 뜻을 극진히 하며, 자세히 생각하고 익숙히 읽고 깊이 생각하며, 의미를 깊이 이해하고 구절마다 반드시 실천할 방법을 구해야 한다.

만일 입으로만 읽을 뿐 마음으로 깨닫지 못하고 몸으로 행하지 못한다면, 책은 책대로, 나는 나대로일 것이니 무슨 소용이 있겠는가?

《격몽요결》

燈火可親 등화가친

서늘한 가을밤에 등불을 가까이하여 글 읽기에 좋으니 독서를 권장하는 뜻이 있습니다.

20

일상의 삶 속에 도가 있다

평생 남에게 손해 끼치지 않으며 법 없이 살 정도로 정직하게 사는 사람 등 우리 주변엔 도를 실천하는 사람이 너무도 많습니다. 사람이 도를 행하는 데 사람과 멀리하면 안 됩니다. 자세히 보면 우리 일상의 삶 속에 도가 분명히 있습니다.

...

도(道)는 사람에게서 멀지 않은 법이다.
사람이 도를 행하는데
사람과 멀리한다면 도라 할 수 없느니라.
《시경》에 이르기를,
'도낏자루를 베는 데 그 방법이 그리 쉽지 않다'고 했다.
도낏자루를 잡고 도낏자루를 베는 것도
곁눈으로 바라보고서는 오히려 어렵다고 했다.
군자는 사람으로서 사람을 가르치다가 고쳐지면 그만둔다.
충서는 도와의 거리가 멀지 않다.
자신이 하기를 원하지 않는 일은 남에게 시키지 말라.

《중용》

事必歸正 사필귀정

결국에는 무슨 일이든 옳은 이치대로 돌아간다는 뜻입니다.

04

욕심 내려놓기

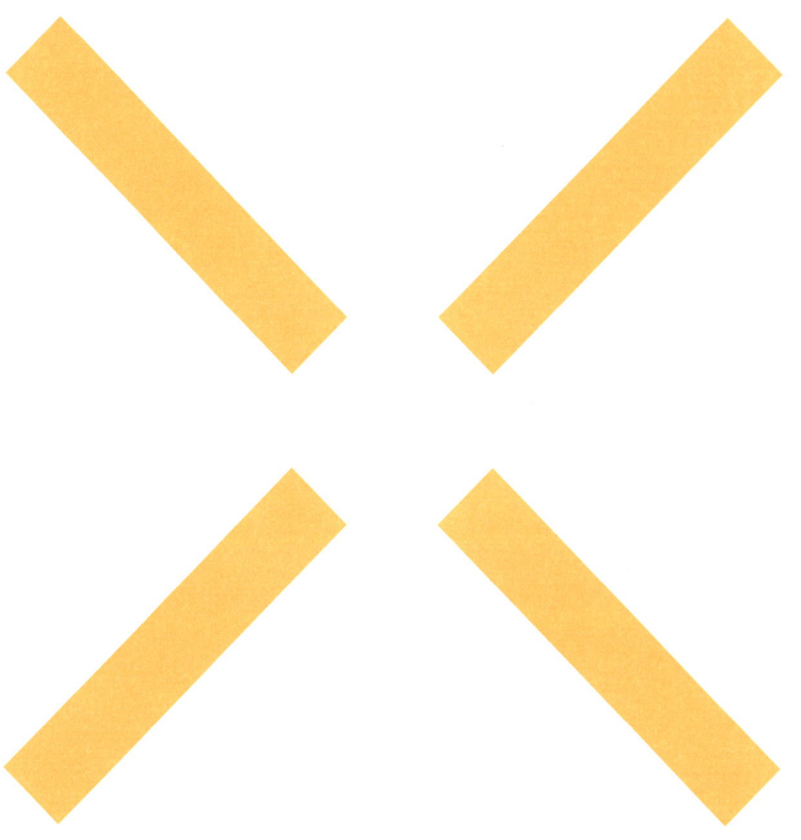

01

탐욕을 이기기 위해 꼭 필요한 두 가지

무엇이 옳고 그른지 판단할 '지식'과 불필요한 욕망을 제어하겠다는 강한 '의지'를 지니고 있다면 탐욕을 이겨내고 바라는 일을 반드시 이룰 수 있을 것입니다.

…

사사로움을 이기고 욕망을 억제하는 일에 있어
일찍 알지 않으면 역량을 기르기가
쉽지 않다고 말하는 사람이 있고
알아서 깨우쳤다 해도
인내심이 모자란다고 말하는 사람도 있다.
대개 지식이란 마음속의 악마를 비추는
한 알의 밝은 구슬이요,
의지는 악마를 베는 한 자루의 지혜로운 칼이니,
이 두 가지는 모두 없어서는 안 된다.

《채근담》

過猶不及 과유불급

'정도를 지나침은 미치지 못함과 같다'는 뜻으로, 중용이 중요함을 말합니다.

02

만족과 멈춤을 알아야 한다

행복은 상황이 아니라 마음속에 있습니다. 내 삶 자체에 집중하고 현재에 만족하며 지금 이 순간에 최선을 다하는 것, 이것이야말로 진정한 즐거움을 누리면서 행복하게 사는 길입니다. 만족과 멈춤을 아는 사람이 현명한 사람이자 행복하게 사는 사람입니다.

...

명예와 내 몸 중 어떤 것을 더 가까이해야 할 것인가?
몸과 재물 중 어느 것이 더 중한가?
너무 인색하면 그만큼 반드시 내 인생은 낭비될 것이며
많이 모으면 그만큼 반드시 크게 잃게 되는 것이 있다.
만족함을 알면 욕되지 않고,
머물 줄 알면 위태롭지 않아 오래갈 수 있다.

《도덕경》

富貴榮華 부귀영화

재산이 많고 지위가 높으며 귀하게 되어서 세상에 드러나 온갖 영광을 누린다는 의미입니다.

03

때를 기다려라

한 번 놓쳐버린 기회는 다시 오지 않습니다. 늘 깨어서 때가 다가오고 있음을 알아채야 합니다. 기다리던 때가 왔다고 느껴지면 그때는 과감하게 결단을 내려야 합니다. 잠잠히 기다리다 때가 오면 단숨에 낚아채야 합니다. 좋은 기회는 자주 오지 않습니다. 그때를 알기 위해 노력하고, 그때가 다가오면 반드시 잡아야 후회 없는 삶을 살 수 있습니다.

・・・

일의 쉽고 어려움은
일의 크기에 달려 있는 것이 아니라
때를 아는 데 달려 있다.

《여씨춘추》

千載一遇 천재일우

'천년 동 안 단 한 번 만난다'는 뜻으로, 좀처럼 만나기 어려운 좋은 기회를 말합니다.

04

욕망은 순간의 즐거움일 뿐이다

욕망을 한마디로 말하면 '즐거움'입니다. 이 기본적인 즐거움의 욕망에서 벗어나기란 불가능합니다. 그렇기에 욕망에 이끌리는 데로 살지 않고, 스스로 욕망을 조절하며 올바른 길과 옳지 못한 길을 구분하면서 즐거움을 느끼면서 살아야 합니다. 반드시 옳고 그름을 판단할 줄 아는 지혜가 필요하며 그 기준은 바른 도가 되는 것입니다.

• • •

군자는 그 도를 얻으면 즐거워하고,

소인은 그 욕망을 얻으면 즐거워한다.

도로써 욕망을 제어하면 즐거우면서도 어지럽지 않고,

욕망에 빠져 도를 잊으면 미혹될 뿐 즐겁지 않다.

《예기》

소인은 물에 빠지고,

군자는 입에 빠지고,

대인은 사람에 빠진다.

《예기》

晩時之歎 만시지탄

시기에 늦어 기회를 놓쳤음을 안타까워하는 탄식을 말합니다.

05

비교하지 말고, 나의 강점에만 집중하라

자신의 단점으로 상대의 장점과 겨루면서 실망하고, 어떤 일을 시작도 하기 전에 포기하는 일은 하지 말아야 합니다. 나의 강점에만 집중해도 짧은 인생입니다.

...

자신의 단점으로 상대의 장점과 겨루지 말라.
잘못하는 일을 덮어두고 피하되
잘하는 일을 처리하라.

《순자》

내면으로 숨지 말고 겉으로 드러내지 말라.
섶나무처럼 그 중앙에 서라.
이 세 가지가 잘 지켜지면 명성은
분명히 정상까지 이를 것이다.

_공자

多多益善 다다익선

많으면 많을수록 더욱 좋다는 의미입니다.

06

반성이 자책으로 이어지게 하지 말라

완벽한 사람은 없습니다. 완벽하지는 않지만 완벽해지려고 노력하는 가운데 실수들을 최소화하려고 노력할 뿐입니다. 반성은 새로운 출발을 위해 꼭 필요한 일입니다. 실패는 누구나 하니, 너무 완벽해지려는 욕심은 버리고, 자신을 스스로 사랑하고 보듬으면서 반성하면 됩니다.

...

> 자기에게서 허물을 찾고 스스로 책망함이 없어서는 안 되지만 그렇다고 너무 오랫동안 마음에 두어 후회하는 것 또한 적절하지 않다.
>
> 《근사록》

> 나는 매일 다음과 같이 세 가지 측면에서
> 나 자신을 반성해본다.
> 다른 사람을 위하여 일을 도모하면서 충실하지 않았는지?
> 친구와 교제하면서 미덥지 않았는지?
> 제자들에게 지식을 전수하면서 스스로 익숙하지 않았는지?
>
> _증자

日新又日新 일신우일신

은나라 탕임금의 대야에 새겨놓은 글귀로, 진실로 새로워지기 위해서는 날마다 새로워야 하고 또 새로워야 한다는 의미입니다.

07

재물에 인색하면 사람을 잃는다

재물을 너무 탐하다 보니 모으기만 하고 베푸는 데 인색해지기 십상입니다. 돈의 무게는 잴 수 있지만, 행복의 무게는 잴 수 없다고 했습니다. 재물을 지키려다 소중한 사람들을 모두 잃지 않도록 재물 욕심을 내려놓아야 합니다.

...

둔하면 일 처리가 뒤처지고
재물에 인색하면 친한 사람을 잃고
소인을 신임하면 선비를 잃는다.

《관자》

사람은 재물 때문에 죽고,
새는 먹이 때문에 죽는다.

《명심보감》

小貪大失 소탐대실

'작은 것을 탐하다가 큰 것을 잃음'을 뜻하는 말입니다.

08

부러우면 지는 것이다

외발 짐승 기가 부러워하는 이야기로 시작한 장자의 글은 모든 이가 자신에게 없는 것을 가진 이를 부러워하는 세태를 꼬집고 있습니다. 남의 것을 부러워하며 욕심내기 전에 자신만이 가지고 있는 것을 활용해 이루고 싶은 꿈을 향해 실천해간다면 행복한 삶을 누리게 될 것입니다. 부러워만 하면 지는 겁니다.

- - -

기는 지네를 부러워하고,

지네는 뱀을 부러워하고,

뱀은 바람을 부러워하고,

바람은 눈을 부러워하고,

눈은 마음을 부러워하고,

마음은 기를 부러워한다.

《장자》

一長一短 일장일단

일면의 장점과 다른 일면의 단점을 통틀어 이르는 말로, 사람들은 모두 장점과 단점을 동시에 지니고 있다는 뜻입니다.

09

고집과 아집을 버려야 내가 산다

고집과 아집을 버려야 내가 삽니다. 터무니없는 자존심을 버리고 이룰 수 없는 과도한 욕심도 내려놓아야 합니다. '버린다'는 것은 '포기했다'는 의미가 아닙니다. 버려야 다시 새것으로 채워집니다.

• • •

> 공자께서는 네 가지를
> 절대로 하지 않으셨다.
> 사사로운 뜻을 품지 않으셨고
> 반드시 해야 한다는 일이 없으셨고
> 고집을 버리셨고
> 아집을 버리셨다.
>
> 《논어》

捨生取義 사생취의

'목숨을 버리고 의를 좇는다'는 뜻으로, 목숨을 버릴지언정 옳은 일을 한다는 의미입니다.

10

돌아가는 것이 가장 빠를 수 있다

세상일은 직진보다 우회가 정답일 때가 있습니다. '늦었다고 할 때가 가장 빠르다'는 말처럼, 세상일이 잘 풀리지 않으면 돌아가는 것이 곧장 가는 것보다 빠를 수 있습니다. 마음에 개인적인 욕심이 가득 차면 눈앞의 성과만 생각하게 됩니다. 세상을 보는 넓은 시야를 가지고 지혜로운 안목을 키워야 합니다.

• • •

그러므로 그 길을 내가 멀리 돌아가더라도
적에게 이로운 듯이 유인하여
적보다 늦게 출발하고도 더 빨리 도착하는 것이니
이것을 '우직지계(迂直之計)'를 아는 것이라고 한다.

《손자병법》

迂餘曲折 우여곡절

'멀리 돌아가고 굽어가고 꺾이어 간다'는 뜻으로, 일이나 인생 여정이 뒤얽혀 복잡해지는 사정을 말합니다.

11

어떻게 늙느냐가 중요하다

얼마나 오래 사느냐는 중요하지 않습니다. '어떻게 늙어가느냐'가 중요합니다. 오래 살아도 부끄럽지 않으려면 노후에도 일할 수 있는 노인이 되어야 합니다. 나이가 벼슬이라도 된 듯이 고집과 아집으로 똘똘 뭉친 고약한 노인은 그 어디에서도 환영받을 수 없습니다.

...

아들이 많으면

못난 아들도 있어 걱정의 씨앗이 되고

부자가 되면

쓸데없는 일이 많아져 번거롭고

오래 살면

욕된 일을 많이 겪는다.

《장자》

萬壽無疆 만수무강

아무런 탈 없이 아주 오래 사는 복을 누리는 것을 의미합니다.

12

하얀 바탕을 먼저 만들어라

인격이 뒷받침되지 못하고 겉모습만 닮으려고 하면 허풍과 가식이 가득한 사람이 됩니다. 겉모습은 늘 내면이 갖춰져 있을 때 더욱 빛나 보이는 것입니다.

• • •

자하가 여쭈었다.

"(시경에) '애교 있는 웃음과 예쁜 보조개여! 아름다운 눈과 맑은 눈동자여! 흰 바탕 위에 색칠을 한다'라는 구절이 있는데 무슨 의미인지요?"

공자께서 말씀했다.

"그림 그리는 일은 흰바탕이 있는 후에 가능하다는 뜻이다."

"그렇다면 결국 예는 그다음이라는 뜻이겠는지요?"

"나를 일으키는 자는 내 제자 상(자하)이로구나! 비로소 너와 함께 시를 이야기할 만하구나."

《논어》

表裏不同 표리부동

겉으로 드러나는 언행과 속으로 가지는 생각이 다름을 이르는 말입니다.

13

쓸데없는 근심을 내려놓으라

정작 해야 할 걱정은 안 하고 안 해도 될 걱정에 시간과 비용을 들이고 있는지 생각해봐야 합니다. 쓸데없는 근심은 내려놓고 공자의 위대한 근심처럼 우리도 인격 수양과 배움과 옳을 것을 지향하고, 새로운 나를 만들어가는 것에 더 힘을 써야 할 때입니다.

• • •

덕이 닦아지지 않는 것,
학문이 탐구되지 않는 것,
어떻게 하는 것이 의로운지를 알면서도
실천에 옮기지 못하는 것,
선하지 않은 점을 고치지 못하는 것,
이것이 나의 걱정거리이다.

《논어》

杞憂 기우

앞일에 대해 쓸데없는 걱정을 하거나 또는 그런 걱정을 말합니다.

14

욕심을 줄이면 행복은 배가 된다

만족하지 못하고 계속 무엇인가 욕심을 더 낸다면, 마음은 평안하지 않을 것이고 불행할 것입니다. 반대로 가진 것에 만족하고 감사해한다면 평안할 것이고 행복할 것입니다. 욕심을 줄이면 행복은 배가 됩니다.

· · ·

마음을 수양함은
욕심을 적게 하는 것보다
더 좋은 것이 없으니,
그 사람됨이 욕망이 적으면
비록 보존되지 않음이 있더라도
(보존되지 않은 것이) 적을 것이요,
사람됨이 욕망이 많으면
비록 보존됨이 있더라도
(보존된 것이) 적을 것이다.

《맹자》

만족함을 아는 사람은 가난하고 천해도 즐겁고,
만족함을 모르면 부하고 귀해도 근심한다.
만족할 줄 알아 늘 만족하면 종신토록 욕되지 않고,
그칠 줄 알아 늘 그치면 종신토록 부끄러움이 없다.
교만은 손해를 부르고 겸손은 이익을 받는다.

《명심보감》

安分知足 안분지족

편안한 마음으로 제 분수를 지키며 만족할 줄을 알아야 한다는 뜻입니다.

15

비울수록 더 채워지고 베푸는 대로 받게 된다

하늘의 이치는 기쁨과 즐거움, 걱정과 근심, 이 모든 것을 베푼 대로 받게 합니다. 베풀고 양보하는 삶이 더욱 행복하고 풍요로운 삶일 수 있습니다. 비울수록 채워진다고 했습니다. 더 베풀면 더 많은 것을 얻게 됩니다.

• • •

한평생 밭둑 경계를 양보하더라도

불과 한 계단을 잃지 않을 것이며

한평생 길을 양보하더라도

불과 백 걸음을 굽히지 않을 것이다.

《명심보감》

陰德廣施 음덕광시

남모르게 착한 덕을 널리 베풀어야 한다는 뜻입니다.

16

사치와 검소 그리고 인색함을 바로 알라

사치와 검소 그리고 부에 대한 가치관을 올바르게 정립하는 것이 매우 중요합니다. 흔히 말하는 '부의 그릇', '돈 그릇'이 준비된 사람만이 부를 누릴 수 있습니다. 자신에게는 검소하게, 도움이 필요한 사람에게는 아낌없이 쓸 줄 아는 사람이 부자입니다.

...

> 사치스러우면 공손하지 않고
> 검소하면 고루한데
> 공손하지 않은 것보다는
> 차라리 고루한 것이 더 낫다.
>
> 《논어》

> 검소에서 사치로 들어가기는 쉽고,
> 사치에서 검소해지기는 어렵다.
>
> 《훈검시강》

清廉潔白 청렴결백

마음이 맑고 깨끗하며 재물 욕심이 없음을 이르는 말입니다.

17

향락에 빠지면 본성을 잃는다

화려한 색, 세밀한 소리, 맛있는 음식, 광기 어린 취미, 귀한 물질에 대한 애착은 결국 인간의 순수한 본성을 망가뜨리고 무너지게 합니다. 버려야 할 것은 버리고, 꼭 가져야 할 것만 가져야 합니다.

• • •

화려한 색을 추구할수록 인간의 눈은 멀게 된다.
세밀한 소리를 추구할수록 인간의 귀는 먹게 된다.
맛있는 음식을 추구할수록 사람의 입은 망가지게 된다.
말달리고 사냥하는 것은 인간의 마음을 미치게 한다.
얻기 힘든 물건(재화)에 마음을 빼앗기면
사람의 행동은 무자비하게 된다.

《도덕경》

무릇 맛을 밝히는 사람은 덕에 소홀해지고,
향락에 탐닉하는 사람은 근심으로 끝납니다.

_관중

良藥苦口 양약고구

'좋은 약은 입에 쓰다'는 뜻으로, 충언은 귀에 거슬리나 자신에게 이롭다는 말입니다.

18

욕망은 사람의 본성을 흐리게 한다

욕망은 끝이 없습니다. 나쁜 욕망은 한순간 사람의 본성을 흐리게 하며 패가망신의 길로 접어들게 합니다. 조금이라도 방심하면 맑고 순수한 마음은 어지럽게 됩니다. 어린아이 같은 마음을 지켜나가는 것이 욕망에서 자유로운 성인군자가 되는 지름길일 수 있습니다.

...

물의 본성은 맑은데

흙이 흐리게 하고

사람의 본성은 고요한데

욕망이 어지럽힌다.

《회남자》

漁父之利 어부지리

두 사람이 이해관계로 서로 싸우는 사이에 엉뚱한 사람이 애쓰지 않고 가로챈 이익을 이르는 말입니다.

19

큰 그릇은 늦게 만들어진다

빠른 결과를 원하게 되면 누구나 마음이 조급해집니다. 마음이 조급하고 초조해지면 무리한 일 또는 법을 어기는 일을 하게 되고 그렇게 하다 보면 오히려 일이 더 늦어지기 쉽습니다. 또 작은 이익을 탐하다 보면 원대한 계획은 세울 수 없습니다. 크고 위대한 일들은 시간과 노력이 많이 필요합니다. 작은 이익에 익숙한 사람은 절대로 큰일을 이룰 수 없습니다.

...

> 자하가 거보의 읍재(邑宰)가 되어 정치를 묻자,
> 공자께서 답하셨다.
> 서두르지 말고 작은 이익을 보지 말라.
> 서두르면 달성하지 못하고,
> 작은 이익을 보면 큰일을 이루지 못한다.
>
> 《논어》

大器晚成 대기만성

'큰 그릇을 만드는 데는 시간이 오래 걸린다'는 뜻으로, 크게 될 사람은 늦게 원하는 것을 얻게 된다는 의미입니다.

20

재물이 아닌 덕성을 보고 결혼하라

결혼을 생각한다면 재물이 아닌 서로의 지향점이 맞는지를 먼저 봐야 합니다. 서로 생각이 잘 맞는지, 서로 같이 있으면 편안한지, 서로 배려심은 있는지 등등 이런 부분을 맞춰봐야 합니다. 결혼은 행복해지려고 하는 겁니다.

• • •

문중자가 말했다.

혼인하는 일에

재물을 이야기하는 것은

오랑캐의 도리다.

《소학》

琴瑟之樂 금실지락

비파와 거문고의 화음처럼 부부간의 사랑이 조화롭고 아름다운 모습을 비유하여 이르는 말입니다.

05

후회 없이 사랑하며 살기

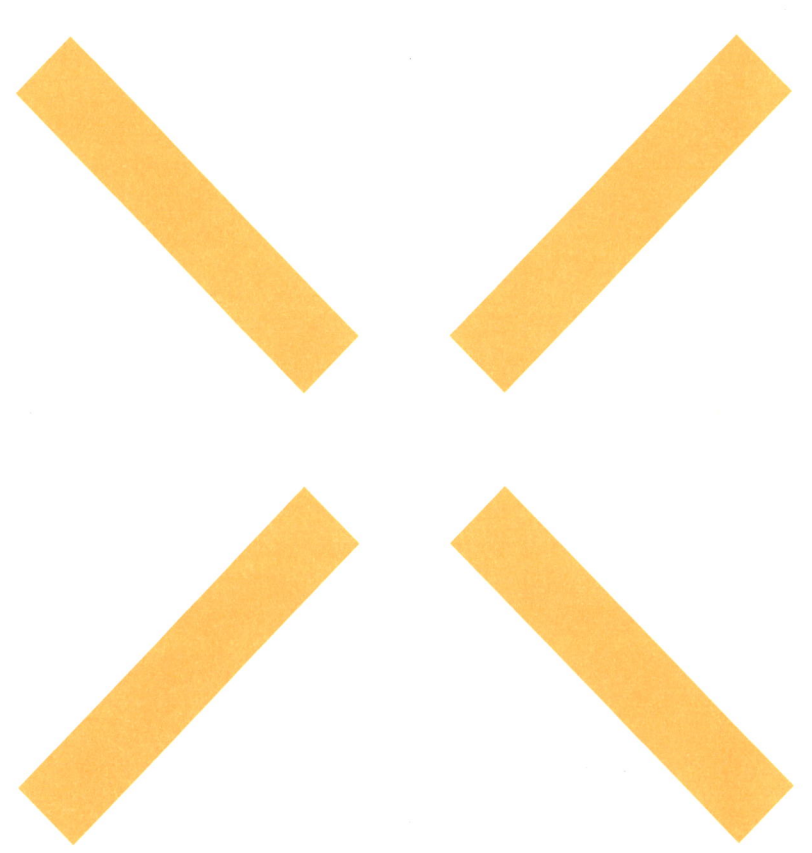

01

나의 삶과 일에 최선을 다하여 살고 있는가?

《맹자》가 말하는 마음을 쓰는 자는 다른 사람을 다스린다는 의미에서 그치지 말고 무슨 일이든 자기 일에 마음을 쓴다면 남다른 결과를 가져올 수 있다는 의미로 이해해봅니다. 하늘은 스스로 노력하는 사람을 절대 놔두지 않습니다.

•••

어떤 사람은 마음을 쓰고
어떤 사람은 힘을 쓴다.
마음을 쓰는 자는
다른 사람을 다스리고
힘을 쓰는 자는
다른 사람의 다스림을 받는다.

《맹자》

粉骨碎身 분골쇄신

'뼈를 가루로 만들고 몸을 부순다'는 뜻으로, 정성으로 노력하여 뼈가 가루가 되고 몸이 부서진다는 말입니다.

02

사람은 꽃보다 아름답다

사람을 움직이는 것은 어짊과 덕입니다. 우리는 모두 한 사람 한 사람 사랑받기에 충분한, 소중한 존재입니다. '사람이 꽃보다 아름다운 존재'임을 아는 사람으로 살아야 어진 사람이고 덕이 있는 사람입니다.

• • •

인(仁)은 사람이 된 이치이니,
합하여 말하면 도(道)이다.

《맹자》

사람들과 좋아하는 바가 같으면
이루지 못할 것이 없고,
사람들과 미워하는 바가 같으면
한마음으로 따를 것이다.

《삼략》

殺身成仁 살신성인

자기의 몸을 희생하여 인(仁)을 이룬다는 의미입니다.

03

좋은 이웃을 선택하라

주거지를 정할 때는 다른 무엇보다 좋은 이웃이 있는 곳을 우선시해야 합니다. 그런 집에서 이웃들과 좋은 관계를 맺으며 살아간다면 행복한 삶은 저절로 따라옵니다. 믿으세요. 좋은 이웃 곁에서 함께하면 인생이 정말 행복해집니다.

...

> 살 때는 반드시 이웃을 가리고
> 나아갈 때는 반드시 덕 있는 사람과 하라.
>
> 《사자소학》

> 백만금으로 집을 사고,
> 천만금으로 이웃을 샀네.
>
> _송계아

同苦同樂 동고동락

'괴로움과 즐거움을 함께한다'는 뜻으로, 같이 고생하고 같이 즐거워한다는 말입니다.

04

행복은 소박한 것에서 출발한다

맹자가 말하는 즐거움처럼 행복이라는 것은 거창하고 위대한 것에서 오는 것보다는 소박한 것에서 옵니다. 사랑하는 사람이 내 곁에 있는 것만으로도 우리는 충분히 행복할 수 있다는 것만 기억하면 됩니다.

• • •

군자에게는 세 가지 즐거움이 있으니,
천하의 왕 노릇은 여기에 있지 않다.
부모님이 모두 살아 계시고
형제들의 무고함이 첫 번째 즐거움이요,
우러러 하늘에 부끄럽지 않고,
굽어보아 사람들에게 부끄럽지 않음이 두 번째 즐거움이며,
천하의 영재를 얻어 교육하는 것이 세 번째 즐거움이다.

《맹자》

錦上添花 금상첨화

'비단 위에 꽃을 더한다'는 뜻으로, 좋은 일 위에 또 좋은 일이 더하여짐을 비유적으로 이르는 말입니다.

05

진정한 친구와 행복하게 살기

힘들고 슬플 때 말없이 곁을 묵묵히 지켜주는 친구, 많은 것을 주고도 받았다는 생각이 들지 않게 만드는 친구가 막역지우입니다. 내가 먼저 그런 친구가 되어주어야 합니다.

• • •

자사, 자여, 자리, 자래 네 사람이 서로 더불어 말하길,
"어느 누가 능히 무(無)로 머리를 삼고, 생(生)으로 등을 삼고,
사(死)로 꼬리를 삼겠는가?
어느 누가 사생존망(死生存亡)이 한 몸이라는 것을 알겠는가?
우리는 그러한 것과 더불어 벗이 되었느니라" 하며
네 사람은 서로 바라보며 웃었고, 마음에 거슬림이 없으니
마침내 서로 간에 더불어 벗을 삼았다.

《장자》

> **管鮑之交 관포지고**

'관중과 포숙의 사귐'이라는 뜻으로, 우정이 아주 돈독한 친구 사이를 이르는 말입니다.

06

덕을 쌓으면 도와주는 사람이 많다

인맥이란 내가 얼마나 많은 사람을 알고 있느냐가 아니라 얼마나 많은 사람이 나를 알고 있느냐입니다. 또한 내가 얼마나 많은 사람들과 소통하고 있느냐보다 중요한 것은 얼마나 많은 사람이 나와 소통하기를 원하는냐가 더 중요합니다. 정성이 있으면 사람의 마음을 얻을 수 있습니다.

・・・

도를 얻은 사람은 도와주는 사람이 많고
도를 잃은 사람은 도와주는 사람이 적다.
도와주는 사람이 적은 경우에는 친척도 배반하고,
도와주는 사람이 많은 경우에는 천하가 다 순종한다.
그러므로 군자는 싸우지 않지만 싸우면 반드시 이긴다.

《맹자》

見利思義 견리사의

눈앞의 이익을 보면 의리를 먼저 생각한다는 뜻입니다.

07

부부 금슬이 좋아야 진정한 행복의 맛을 안다

비파의 연주가 아름답듯이, 북과 북채가 하나가 되듯이, 수레바퀴 두 개가 잘 굴러가듯이 부부의 화합이 중요합니다. 행복의 시작은 가정에서 시작되고 가정의 행복은 부부로부터 시작됩니다.

끼룩끼룩 노래하는 저 징경이는
황하 강가 모래톱에 놀고 있네요.
그윽하고 아리따운 요조숙녀는
일편단심 기다리는 이 몸의 배필,
들쭉날쭉 돋아 있는 마름풀을
이리저리 헤치면서 찾아가듯이
그윽하고 아리따운 요조숙녀를
자나 깨나 그리워서 찾아봅니다.

아무리 찾아봐도 찾을 수 없어
자나 깨나 애태우며 생각합니다.
잠 아니 오는 밤을 길고 긴 밤을
이리저리 뒤척이며 지새웁니다.

들쭉날쭉 돋아 있는 저 마름풀을
이리저리 헤치다가 뜯어오듯이
이제야 요조숙녀를 만나서
금과 슬을 뜯으면서 벗이 됩니다.

들쭉날쭉 돋아 있는 저 마름풀을
이리저리 다듬어서 담아두듯이
아리따운 요조숙녀를 얻어
즐거워서 종을 치고 북을 칩니다.

《시경》

夫唱婦隨 부창부수

남편이 주장하고 아내가 이에 잘 따르며 부부 사이가 좋음을 비유하여 이르는 말입니다.

08

형제자매가 아프면 나도 아프다

같은 부모 밑에서 태어나 서로 본능적으로 경쟁을 하는 존재가 형제자매입니다. 어릴 적 부모에게 잘 보이기 위해서 경쟁하고, 각자 결혼해서 가정을 꾸리고 살아가면서도 모든 면에서 소리 없는 경쟁을 합니다. 서로 충고하는 것도 조심하고, 신임을 잃지 않도록 더 조심해야 합니다. 형제자매의 아픔이 내 아픔이 될 수 있는 마음을 지닌다면 그 가정의 형제 우애는 아름답습니다.

• • •

매번 좋은 친구 있어도,
정말이지 도와주는 이 없다.
형제가 집안에서 서로 다투어도,
밖에서는 그 모멸을 막아준다.
맛있는 음식으로 손님을 불러,
술을 진탕 마시며 즐긴다 해도
형제가 모두 한자리에 모여야,
아이들처럼 화락하고 즐겁다네.

《시경》

昏定晨省 혼정신성

'밤에는 부모의 잠자리를 보아 드리고 이른 아침에는 부모의 밤새 안부를 묻는다'는 뜻으로, 부모를 잘 섬기고 효성을 다하는 모습을 이르는 말입니다.

09

'쾌족의 삶'을 살라

'쾌족'이란 마음이 상쾌하고 만족스러운 상태를 말합니다. 행복이란 이런 것이 아닐까요? 내 마음이 상쾌한 상태, 그런데 만족스럽기까지 한 그런 상태 말입니다. 언제나 행복이 머무는 곳은 현재입니다. 지금 여기에 있는 행복이 진짜 행복입니다.

...

'그 뜻을 성실하게 한다는 것'은
자기 스스로를 속이지 않는 것이다.
마치 독한 냄새를 싫어하듯 하며,
좋은 빛을 좋아하듯이 하는 것이다.
이것을 '자겸(스스로 만족한다)'이라 한다.
그러므로 군자는
반드시 남이 보지 않는 곳에서도 조심한다.

《대학》

悠悠自適 유유자적

속세를 떠나 아무 속박 없이 조용하고 편안하게 살아가는 것을 의미합니다.

10

덕을 베풀면 돈이 저절로 들어온다

돈과 삶의 품격을 바꾸면 안 됩니다. 잘못된 이득은 거부할 줄 아는 용기도 가지고 있어야 합니다. 무엇보다 우리가 기억해야 할 중요한 삶의 진리는 제일 먼저 덕을 쌓는 것입니다. 믿으세요. 덕을 베풀면 돈은 저절로 들어옵니다.

• • •

군자는 제일 먼저 덕에 대해 삼가고,
덕이 있으면 사람이 있게 되고,
사람이 있으면 땅이 있게 되고,
땅이 있으면 물이 있게 되고,
재물이 있으면 쓰임새가 있게 된다.

《대학》

재물 앞에서 구차하게 구하지 말고,
고난 앞에서 구차하게 피하지 말라.

《예기》

犬兎之爭 견토지쟁

'개와 토끼의 다툼'이라는 뜻으로, 두 사람의 싸움에 제삼자에게 이익이 돌아간다는 말입니다.

11

하늘은 스스로 돕는 자를 돕는다

하늘은 선한 사람 편임을 믿으세요. 하늘은 스스로 돕는 사람을 반드시 돕습니다. 눈앞의 결과에 일희일비하지 마세요.

• • •

큰 원한은 풀어도 앙금은 남으니
큰 원한을 푼다고 어찌 선이 되겠는가?
성인은 빚 문서를 지니고 있을 뿐
빚 독촉을 하지 않는다.
덕이 있으면 빚은 저절로 갚아지고,
덕이 없으면 빚을 억지로 받아낸다.
하늘의 도에는 사사로움이 없고,
언제나 선한 사람 편에 선다.

《도덕경》

마음에 극한 분노와 원망이 있으면
바름을 얻지 못할 것이다.
마음에 극한 공포와 두려움이 있으면
바름을 얻지 못할 것이다.
마음에 극한 좋아함과 즐거움이 있으면
바름을 얻지 못할 것이다.
마음에 극한 걱정과 근심이 있으면
바름을 얻지 못할 것이다.

《대학》

自求多福 자구다복

많은 복은 하늘이 주어서가 아니라 자기가 스스로 구해야 한다는 말입니다.

12

날마다 새롭게 하라

아침에 눈을 떠 세수할 때의 나는 '어제의 나'가 아니라 '새로워진 나'여야 합니다. 날마다 새로워져야 합니다. 내 태도가, 내 생활이, 내 삶에서 약간의 변화가 일어나면 인생은 반드시 바뀝니다. 매일 하나씩만 달라져도 삶의 혁신이 일어날 것입니다.

...

> 탕왕의 세숫대야에 새겨진 말에 이르기를
> '진실로 하루를 새롭게 하고 날마다 새롭게 하고
> 또 나날이 새롭게 하라'라고 했다.
> 《대학》

> 아침에 도를 듣는다면 저녁에 죽어도 좋다.
> 《논어》

青出於藍 청출어람

'쪽에서 뽑아낸 푸른 물감이 쪽보다 더 푸르다'는 뜻으로, 제자나 후배가 스승이나 선배보다 나음을 비유적으로 이르는 말입니다.

겉과 속이 조화롭게 어우러진 사람이 되라

바탕과 외양적인 형식이 잘 어울려 있는 사람은 아름답게 보입니다. 꼭 비싼 옷을 입고 명품 가방을 들어서 아름답게 보이는 것이 아닙니다. 아무리 겉치레를 화려하게 해도 성품이 명품 같지 않다면 절대 아름다워 보이지 않습니다. 도리어 겉은 화려하지 않지만, 표정과 말 그리고 행동이 격식에 맞고 교양이 있다면 그 사람이 바로 명품 같은 사람입니다.

...

> 실질적인 내용이 겉모양보다 뛰어나면 너무 투박하고,
> 겉모양이 실질적인 내용보다 뛰어나면 너무 부화하다.
> 문채와 실질이 적절히 조화된 뒤라야 비로소 군자답다.
>
> 《논어》

群鷄一鶴 군계일학

'닭의 무리 가운데에서 한 마리의 학'이라는 뜻으로, 많은 사람 가운데서 뛰어난 인물을 말할 때 사용합니다.

14

타고난 재능과 장점은 모두 다르다

사람은 저마다 타고난 재능과 장점이 다를뿐더러 그 재능과 장점이 꽃 피우는 시기 또한 다릅니다. 지금은 아닐지라도 인생의 꽃이 피어나는 날은 반드시 옵니다. 찬찬히 나에게 주어진 재능과 장점을 발견하세요. 그리고 키워 준비하세요. 머지않아 그 재능과 장점으로 나만의 인생 꽃이 여봐란듯이 만개할 것입니다.

• • •

오리의 다리는
비록 짧지만 늘려주면 근심하고
학의 다리는
비록 길지만 자르면 슬퍼한다.
그 때문에 타고난 본성이 긴 것은
잘라야 할 것이 아니며,
타고난 본성이 짧은 것은
늘려줄 것이 아니니
근심거리로 여겨 없앨 것이 아니다.

《장자》

立身揚名 입신양명

출세하여 이름을 세상에 널리 알린다는 뜻입니다.

15

흘러가는 대로 흐르게 하라

어부가 굴원에게 조언해주었던 것처럼 창랑의 물이 맑거든 갓끈을 씻고, 창랑의 물이 흐리거든 발을 씻으면 됩니다. 세상의 변화에 순응하면서 때론 소극적으로 때론 강한 물줄기같이 살아가는 삶의 지혜를 기억해야 합니다.

• • •

온 세상이 흐려 있는데 나만이 홀로 맑고
뭇사람이 다 취해 있는데 나만이 홀로 깨어 있다.
새로 머리를 감은 사람은 반드시 갓을 털고
새로 몸을 씻은 사람은 반드시 옷을 턴다.
창랑의 물이 맑거든 내 갓끈을 씻고
창랑의 물이 흐리거든 내 발을 씻으리라.

《고문진보》〈어부사〉

種豆得豆 종두득두

'콩을 심으면 반드시 콩이 나온다'는 뜻으로, 원인에 따라 결과가 나온다는 말입니다.

16

하나 된 사람의 마음이 가장 강하다

어려울 때일수록 힘을 합쳐야 합니다. 그 어떤 외적인 요소보다 국민이 하나 되고, 가족이 하나 되고, 부부가 하나 될 때 이들을 이길 방도는 없습니다. 하나 된 마음이 가장 강력한 힘입니다.

...

> 하늘의 때는
> 땅의 이득만 못하고,
> 땅의 이득은
> 사람의 화합만 못하다.
>
> 《맹자》

大同團結 대동단결

여러 집단이나 사람이 어떤 목적을 이루려고 크게 한 덩어리로 뭉치게 될 때 사용합니다.

17

행복한 영웅이 되라

사소한 일에도 정성을 다하는 사람, 홀로 있는 자리에서도 양심을 지키는 사람, 그 어떤 난관에도 쉽게 포기하지 않는 사람, 그렇게 매사에 자신의 존재가치를 드러내는 사람이 모두가 우러러볼 영웅이 되는 것입니다.

• • •

작은 일을
소홀히 하지 않고,
보이지 않는 곳에서도
속이거나 숨기지 않고,
실패했을 때도
포기하지 않으면,
이것이 진정한 영웅이다.

《채근담》

囊中之錐 낭중지추

'주머니 속의 송곳'이라는 뜻으로, 재능이 뛰어난 사람은 숨어 있어도 저절로 사람들에게 알려질 수밖에 없다는 말입니다.

18

떠나는 뒷모습을 아름답게 남겨라

세대교체는 당연한 일입니다. 박수를 받고 떠날 수 있는 사람으로 남아야 합니다. 그렇게 되려면 젊은 시절 박수받을 행동과 업적을 쌓아놓아야 합니다. 평소에 어른다운 인품과 겸손함을 몸에 지녀야 합니다. 후배들의 앞길을 열어주고, 후배들의 발전을 위해 선배로서 해줄 일이 있다면 개척해줘야 합니다.

...

후학들은 두려워할 만한 존재다.
다가오는 자가 오늘의 우리보다 못할지 어찌 알겠느냐?
40, 50세가 되어서도 이름이나 업적이 들리는 바가 없다면
이런 사람은 역시 두려워할 필요가 없다.

《논어》

後生可畏 후생가외

'젊은 후학들을 두려워할 만하다'는 뜻으로, 후진들이 선배들보다 젊고 기력이 좋아, 학문을 닦음에 따라 큰 인물이 될 수 있으므로 두려워해야 한다는 말입니다.

19

시작만 해도 90% 성공이다

시작은 결코 반이 아닙니다. 시작은 90%의 성공을 보장한 위대한 일입니다. 시작하면 성공은 따놓은 당상입니다. 10%만 완성하면 완전한 성공이니, 최종목표를 이룰 때까지 긴장의 끈을 놓지 않아야 합니다. 행복하기로 마음을 먹어야 행복이 옵니다.

• • •

비유컨대 마치 산을 쌓는 것과 같아서
한 삼태기를 마저 이루지 못하고
멈춘 것이면 내가 멈춘 것이며,
비유컨대 땅을 평평하게 하는 것과 같이
비록 흙 한 삼태기를 부었다 하더라도
진전이 있으면 내가 나아가는 것이라.

《논어》

登高自卑 등고자비

'높은 곳에 오르려면 낮은 곳에서부터 오른다'는 뜻으로, 일을 순서대로 해야 완성할 수 있다는 말입니다.

20

은밀하게 선행을 베풀라

아무도 모르게 선행을 실천하지만, 그럼에도 하늘은 반드시 그에 대한 보답을 해준다고 많은 사람이 믿습니다. 물론 그 보답이 꼭 있을 것인가에 대해서는 믿는 사람도 있고 믿지 않는 사람도 있을 것인데, 그건 결국 각자의 신념과 가치관에 따른 개인적 문제입니다. 여하튼 선행을 베풀 때는 드러내지 않고 조용히 실천하는 '음덕'으로 하는 것이 더 의미 있고 아름답습니다.

...

> 덕행을 실현하려면
> 모름지기 아주 작은 일에도 조심하라.
> 남에게 은혜를 베풀 때는,
> 그 은혜에 보답할 수 없는 사람에게 하라.

《채근담》

反哺之孝 반포지효

'까마귀 새끼가 자라서 늙은 어미에게 먹이를 물어다 주는 효'라는 뜻으로, 자식이 자란 후에 어버이의 은혜를 갚는 효성을 이르는 말입니다.

06

한시로 인생 읊기

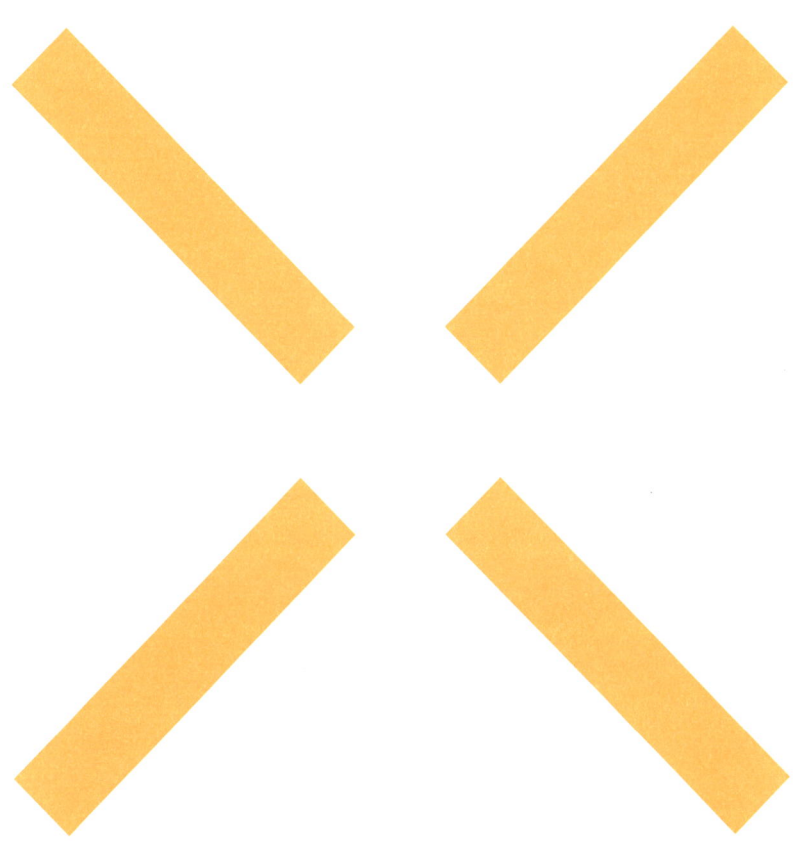

01

황조가(黃鳥歌)

...

오락가락 날아다니는 꾀꼬리여,

암수가 서로 의지하는구나.

나의 외로움을 생각하니,

함께 돌아갈 사람이 누구인고?

_유리왕

02

공무도하가(公無渡河歌, 공후인箜篌引)

...

임아 그 물을 건너지 마오.

임은 끝내 물을 건너셨네.

물에 빠져 돌아가시니,

가신 임을 어찌할꼬.

_백수광부의 아내

추야우중(秋夜雨中)

• • •

가을바람에 홀로 괴로이 읊조리니,

온 세상에 나를 알아주는 이는 적구나.

삼경에 창밖에는 비가 오는데,

등불 앞에 이내 마음 만 리로 향하누나.

_최치원

04

대동강(大同江)

...

비 그친 긴 둑에 풀빛이 짙은데,

그대를 보내는 남포에는 슬픈 노래가 울려 퍼지네.

대동강 물은 언제나 마르려나?

이별의 눈물이 해마다 푸른 물결에 보태어지네.
_정지상

05

권학문(勸學文)

...

오늘 배우지 않고 내일 있다 말하지 말고,

금년에 배우지 않고 내년이 있다 말하지 말라.

세월이 흘러가는구나,

시간은 나를 기다려주지 아니하네.

아 늙었구나,

이는 누구의 잘못인가.

_주희

06

산중문답(山中問答)

...

무슨 일로 푸른 산속에 사느냐고 나에게 묻길래,

웃으면서 대답하지 않으나, 마음은 저절로 한가롭다네.

복숭아꽃이 흐르는 물에 아득히 떠가니,

다른 천지가 있어 인간 세상이 아니라네.
_이백

07

산거(山居)

...

봄은 갔어도 꽃은 아직 남아 있고,

하늘 맑아도 골짜기엔 그늘 있어.

두견새 한낮에도 우는 것을 보니,

비로소 사는 곳이 깊은 산골임을 깨달았네.
_이인로

08

정중월(井中月)

...

산중에 사는 스님이 달빛을 탐하여,

병에 물을 담을 때 달도 함께 담았네.

절에 이르러 바야흐로 깨닫게 되었네.

병을 기울이면 달 또한 사라지게 된다는 것을.
_이규보

09

정과정(鄭瓜亭)

•••

임 그리워 옷깃 적시지 않는 날이 없으니,

마치 봄 산의 소쩍새 같도다.

옳으니 그르니 사람들아 묻지 마라.

다만 응당 새벽달과 새벽별이 알리라.

_이제현

10

춘흥(春興)

...

봄비가 가늘어 방울지지 않더니,

한밤중에 가만히 소리 들린다.

눈 다 녹아 남쪽 시내 불어나니,

풀싹은 얼마나 돋아났을까?

_정몽주

11

음주(飮酒)

•••

사람 사는 곳에 초막을 지었지만,
거마의 시끄러움이 없다네.
그대에게 묻노니 어떻게 그럴 수 있는가?
마음이 멀어지면 땅이 절로 치우치는 것을.
동쪽 울타리 아래에서 국화를 따다가
아득히 남산을 바라보노라.
산기운 저녁 무렵에 더욱 아름답고,
나는 새가 함께 돌아온다.
이 속에 진실된 뜻이 있으니,
가려내고자 하면 이미 말을 잊네.

_도연명

12

사시(四時)

•••

봄물은 못마다 가득 차고,

여름 구름은 기이한 봉우리를 많이 만드는도다.

가을 달은 밝은 빛을 발하고,

겨울 산마루엔 외로운 소나무가 빼어나도다.

_도연명

13

송원이사안서(送元二使安西)

...

위성의 아침 비가 가벼운 먼지를 적셔주니,

객사에 푸르른 버들잎은 빛깔도 새롭구나.

그대에게 다시 한 잔 술을 다 마시라고 권하노니,

서쪽으로 양관을 나서면 친구도 없을 텐데.
_왕유

14

정야사(靜夜思)

...

침상 앞의 밝은 달빛을 보니,

땅 위에 내린 서리인가 여겨진다.

고개 들어 산에 걸린 달을 보고,

고개 숙여 고향을 생각하노라.

_이백

15

절구(絶句)

...

강이 푸르니 새 더욱 희고,

산이 푸르니 꽃 빛이 불붙는 듯하도다.

올봄도 보매 또 지나가니,

어느 날이 (내가) 돌아갈 해인가?

_두보

16

강촌(江村)

...

푸른 강 한 굽이 마을을 안고 흐르니,

긴 여름 강 마을은 일마다 한가롭다.

절로 오가는 대청 위의 제비요,

서로 친근하게 노니는 물속의 갈매기라.

늙은 아내는 종이에 바둑판을 그리고,

어린아이는 바늘을 두드려 낚싯바늘을 만드네.

병 많아 필요한 것은 오직 약물뿐이니,

미천한 몸이 이 밖에 다시 무엇을 바라리오?

_두보

촌야(村夜)

• • •

서리 맞은 풀은 시들고 풀벌레는 찌르르 울고,

마을의 남쪽과 북쪽 길가에는 사람들이 끊어졌네.

홀로 문 앞에 나가 들의 밭을 바라보는데,

달이 밝아 메밀꽃이 눈과 같구나.

_백거이

18

강설(江雪)

...

일천 개의 산에는 새들이 다 날아가 자취가 끊어지고,

일만 개의 길에는 인적이 끊어졌네.

외로운 배에서 도롱이에 삿갓 쓴 노인이

눈 내리는 차가운 강에 홀로 낚시질하네.
_유종원

산행(山行)

...

멀리 한산을 오르노라니 돌길이 비꼈는데,

흰 구름이 이는 곳에 인가가 있구나.

수레 멈추고 앉아 늦단풍을 즐기니,

서리 맞은 단풍잎이 2월의 꽃보다 붉구나.

_두목

객중초하(客中初夏)

• • •

사월은 맑고 화창한데 비 오다 잠깐 개니,

남산을 마주 보는 집들이 더욱 분명해지네.

다시는 버들개지 바람에 일지 않으니,

오직 해바라기꽃만 해를 향해 기우네.

_사마광

필사는 느린 행위입니다.
그러나 그 느림은 곧 집중이고, 성찰이며, 회복입니다.

필사의 시간을 통해 더 괜찮은 사람이 되길.

고전 명언 필사책

초판 1쇄 인쇄 2025년 08월 05일
초판 1쇄 발행 2025년 08월 11일

지은이 | 강경희
펴낸이 | 최윤하
펴낸곳 | 정민미디어
주　소 | (151-834) 서울시 관악구 행운동 1666-45, 3층
전　화 | 02-888-0991
팩　스 | 02-871-0995
이메일 | pceo@daum.net
홈페이지 | www.hyuneum.com
편　집 | 미토스
표지디자인 | 강희연
본문디자인 | 디자인 [연;우]

ⓒ 강경희

ISBN 979-11-91669-94-7 (03190)

※ 잘못 만들어진 책은 구입처에서 교환 가능합니다.